HAGUENAU

AU 16ᵉ SIÈCLE.

PAR

M. L'ABBÉ JOSEPH GUERBER,

VICAIRE A HAGUENAU,

(Paroisse de Saint-George.)

STRASBOURG,

TYPOGRAPHIE DE L. F. LE ROUX, RUE DES HALLEBARDES, 34.

1861.

HAGUENAU

ET LA RÉFORME.

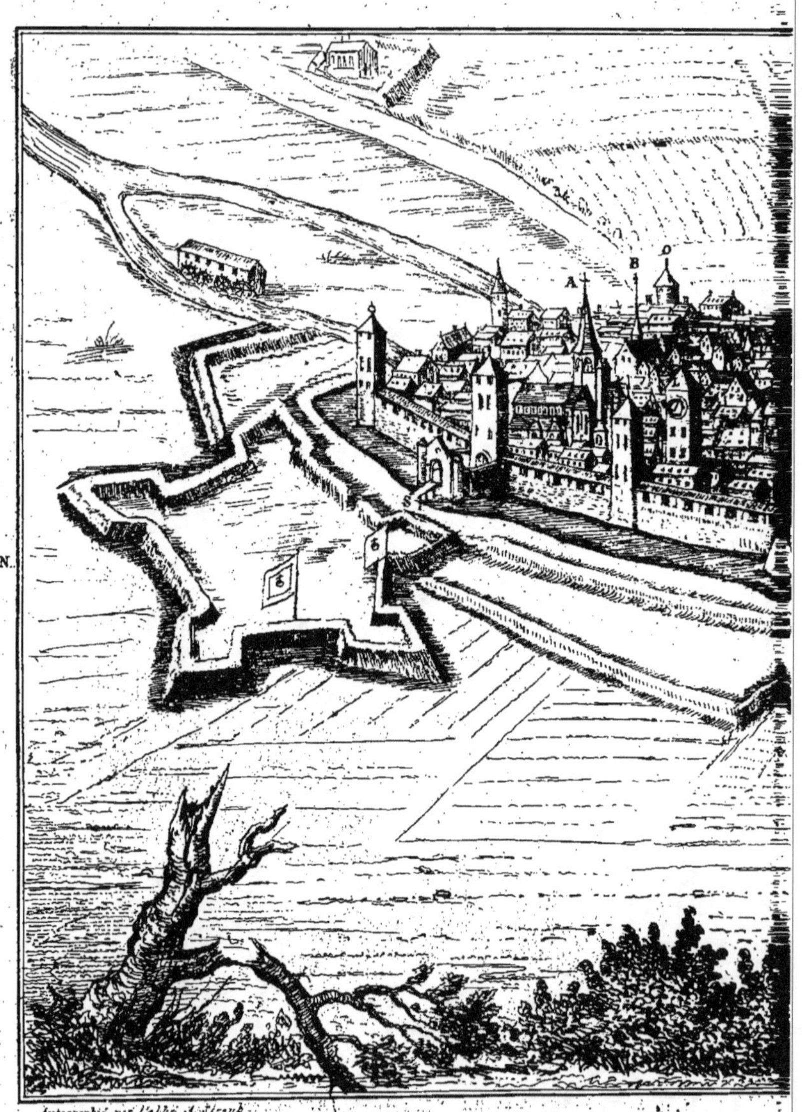

Autographié par l'abbé A. Straub

A St George. B Guillebnites. C Franciscains. D Max[...]
I Tour des chevaliers (prison). K Burg ou château impé[rial ...]
P Porte de l'hopital. Q Porte des pécheurs. R Porte de l'as[...]

J. von der Heyden.

E . Augustins. F Dominicains. G St. Nicolas. H Hôtel de ville.
Tour des arbalétriers. M Tour blanche N Scheidhof O Porte. Marschall
S Porte haute (Oberthor).

HAGUENAU

ET LA RÉFORME,

PAR

M. L'ABBÉ JOSEPH GUERBER,

VICAIRE A HAGUENAU

(Paroisse de Saint-George).

------•◦•------

STRASBOURG,

TYPOGRAPHIE DE L. F. LE ROUX, RUE DES HALLEBARDES, 34.

1861.

Nous dédions ces pages aux habitants de la bonne ville de Haguenau, dont la vieille et douce hospitalité nous a fait trouver dans ses murs une seconde patrie, un foyer domestique. En rappelant les luttes, les gloires, les vertus et les malheurs de leurs pères, nous leur présentons un tableau dont ni les couleurs, ni la disposition ne nous appartiennent. Nous avons retrouvé quelques vieux manuscrits, consulté les chroniques, recueilli des traditions, fouillé dans les Archives, glané des souvenirs, et confié tout cela à quelques feuilles qui doivent fixer, au moment où ils expirent, les échos du passé. Ce n'est pas un étranger qui vient raconter des choses extraordinaires, c'est un membre de la famille qui peut redire plus fidèlement, parce qu'il les a écoutés plus attentivement, les récits des aïeux. Pour être plus complet et mieux compris, nous jetterons d'abord un coup-d'œil sur l'époque qui précéda l'introduction du luthéranisme à Haguenau.

INTRODUCTION.

L'histoire de l'origine, du rapide accroissement et de la décadence
de Haguenau se concentre tout entière autour de la *Burg* (château)
impériale. Ce merveilleux monument de la grandeur du Saint-Empire
se lézarda pendant les premières querelles de la Réforme et s'écroula
complétement quand, sous les coups redoublés du protestantisme, de
la Suède et de la France, l'Empire se disloqua et tomba en ruines.

Haguenau n'est pas une ville très-ancienne. La date de sa naissance
se place entre les années 1105 et 1125. Elle doit son origine au chef
de l'illustre et ambitieuse maison de Hohenstauffen, Frédéric-le-
Borgne, duc de Souabe et d'Alsace. Sur une île de la Moder, là où
s'élève aujourd'hui la caserne, jadis collége des Jésuites, Frédéric con-
struisit un château de chasse. La *forêt sainte*, où s'étaient imprimés
les pas de saint Arbogast, de saint Dié et d'une foule de pieux soli-
taires jaloux de se former à leur école, offrait aux poursuites des
hardis chasseurs du Moyen-Age un gibier abondant. Le château de
chasse fut converti en château impérial par le célèbre Frédéric-Bar-

berousse, fils de Frédéric-le-Borgne, et devint une des plus belles œuvres architecturales de l'Allemagne. Le sceau primitif de la ville nous montre ce château s'élevant sur un plan à cinq côtés et composé de quatre tours massives, du haut desquelles l'œil dominait la ville et les environs. Ces tours étaient reliées entre elles par des corps de bâtiments assez élevés entre les quatre tours, plus bas sur le devant, où ils se rejoignaient en s'appuyant à la porte de triomphe, ornée d'une immense aigle impériale. Au milieu de ces quatre tours, une cinquième s'élançait, plus élégante, surmontée d'une colombe, symbole du Saint-Esprit. A cette tour s'adossait une chapelle *(die Reichs-Kapellen)* à trois étages, dédiée à la très-sainte Trinité; elle était bâtie en marbre rouge et les étages, séparés les uns des autres par des voûtes en briques, formaient chacun un sanctuaire distinct. Dans la chapelle supérieure, que sa structure garantissait contre les atteintes du feu et des voleurs, étaient déposés les insignes de l'Empire : le sceptre, la couronne, le globe et les insignes plus précieux encore et plus vénérables de la Passion de Jésus-Christ, la sainte lance, la couronne d'épines, les clous, une portion de la vraie croix.

Le peuple accourait de toutes parts pour vénérer ces saintes reliques, et la chapelle de la *Burg* devint un lieu de pèlerinage très-fréquenté. La munificence impériale la dota richement et l'orna avec une profusion telle, que la *Burg* fut citée comme une des huit merveilles de la Germanie. Les insignes de l'Empire et les instruments de la Passion furent enlevés cinquante ans après par Philippe de Scharffenberg, chancelier de l'Empire, et déposés au château de Trifels, dans le Palatinat. Autour de la *Burg,* qui fut comme le noyau de la ville, vinrent se grouper plusieurs chefs de familles nobles chargés de la garder; ils portaient le nom de *Burgmœnner* et recevaient en fiefs les terres appartenant à la résidence impériale. C'étaient les Fleckenstein, les Wimpfen, les Scheid, les Bogner, les Berstett, les Wickersheim, les Wangen, les Gottesheim, les Niedheimer et les Dürckheim; ces derniers étaient investis du *Henkerslehen* (fief du bourreau) et obligés de supporter les frais des exécutions capitales. Quand l'Empereur venait visiter sa bonne ville de Haguenau, il rendait justice à son peuple, assis sur le perron de la chapelle *(in der Burg vor der Grete in der Kapell)* entouré de ses *Burgmœnner.* En l'absence de l'Empereur, c'était le bailli ou *schultheiss,* assisté des échevins de la ville, qui remplissait ces fonctions.

Les Empereurs, ceux surtout de la famille de Hohenstauffen, honorèrent souvent la *Burg* et la ville de leur présence. Frédéric Ier y parut cinq fois, Henri VI et Philippe deux fois, Otton IV et Frédéric II souvent, Conrad IV deux fois, Rodolphe Ier au moins sept fois, puis Adolphe de Nassau, Albert Ier, Henri VII, Frédéric III et Charles IV, Maximilien Ier et Ferdinand Ier. Cette fréquente présence de l'Empereur attira autour de la *Burg* de nombreux artisans, des commerçants, des manants, qui formèrent bientôt avec la noblesse et les ordres religieux, appelés et dotés par les Empereurs, une population riche et nombreuse.

Pour nous faire une idée un peu exacte de la physionomie de Haguenau, telle qu'elle fut au début du XVIe siècle, à l'apogée de sa grandeur, montons sur la tour centrale de la *Burg* et essayons de décrire la ville à vol d'oiseau.

Nous voilà arrivés. A nos pieds, c'est un fouillis de toits, de pignons, de clochers, de tours, de girouettes, de cheminées, qui appelle, en l'effrayant, le regard du spectateur.[1] Prenez au nord-est : là, à deux pas de la *Burg*, voyez cet amas confus de constructions, à l'endroit où s'élèvera plus tard le pavillon, et plus loin, le long de la Moder : ce sont les remises et les écuries impériales. Tournez un peu vers la droite : voici, sur les bords de la rivière, à l'aboutissant du petit pont *(Schmalbrückel)*, un humble sanctuaire dédié à sainte Anne. Il est presqu'effacé par le couvent des Augustins, qui quittèrent la forêt, leur premier séjour, en 1281, pour pratiquer leur règle austère à l'ombre de la *Burg* impériale et pour instruire les enfants des familles nobles et bourgeoises. A deux pas plus loin perce la mince aiguille de l'église des Dominicains. C'est une gracieuse construction, assez semblable pour les formes et les dimensions à l'église de Saint-Nicolas. Les éloquents fils de saint Dominique sont venus s'y installer en 1293; ils partagent leurs sollicitudes entre le ministère de la prédication et le soin des malades de l'hôpital Saint-Jacques, assis dans leur voisinage sur la Moder, à l'endroit où l'on verra plus tard les écoles centra-

---

[1] Le lecteur pourra suivre aisément cette description sur la planche ci-jointe. Cette planche est due au crayon de M. l'abbé Straub, qui, pour la ville, a reproduit fidèlement une gravure du commencement du XVIIe siècle, exemplaire peut-être unique, que M. Laurent, pharmacien à Haguenau, a eu l'obligeance de nous communiquer. M. Straub s'est permis toutefois de rectifier l'église de Saint-George et de remplacer par un premier plan des détails de siége peu intéressants pour nos lecteurs.

lisées des garçons. Ces nombreux chapeaux coniques, à arètes, larges, aplatis, minces, pointus, qui montrent leurs sommets aux limites de l'enceinte de la ville, recouvrent les nombreuses tours saillantes des murs d'enceinte. Il y en avait quarante dans l'origine. Ces tours se protègent mutuellement et défendent les abords de la ville, qui présente ainsi à l'ennemi l'appareil d'une défense formidable. Voici, en nous tournant vers le nord, le *Folterthurm* (tour de la torture), terme du premier agrandissement de la ville. Cette tour s'élève peu, mais sa masse noire se détache à l'horizon comme un fantôme menaçant et semble révéler à regret les mystères d'une procédure barbare.

Puisque nous en sommes à parcourir ces quartiers, tournons plus au nord encore. Cette pyramide, qui surmonte un clocher carré et massif, c'est Saint-Nicolas. Cette tour, seul vestige de la construction primitive, fut construite en 1189, et l'église fut dédiée à saint Paul et à saint Nicolas ; la nef et le chœur, qui viennent s'y adosser, sont d'une construction plus récente (XIVᵉ siècle). Sur le terrain, occupé depuis par une salle d'asile, se voyait jadis une maison de refuge (*Elendenherberg*), destinée aux pèlerins pauvres ou malades, que leur piété appelait au sanctuaire de la *Burg*. Frédéric Iᵉʳ lui-même y installa des religieux prémontrés, chargés d'abord de desservir l'hospice, puis, d'administrer la nouvelle paroisse, quand la population se fut accrue, et que, débordant des enceintes successives, elle se fut avancée jusqu'aux murs du couvent. Tout près de là, une tour plus large, mais moins élevée, avec son ample girouette tournée au sud, indique la porte de Wissembourg *(Unterthor)*. Presque en face des Prémontrés *(weisse Herrn)*, une petite coupole se cache plutôt qu'elle ne se montre et indique le couvent des Sœurs grises. Ces religieuses du tiers-ordre de Saint-François, espèce de béguines, résidaient originairement près du moulin de Saint-George *(Gœrgenmühlgass)* ; en 1516, elles reçurent du Magistrat l'emplacement voisin des Prémontrés et un secours annuel en argent et en nature, pour être soustraites à l'obligation de faire des quêtes. Elles furent chargées de l'instruction et de l'éducation des jeunes filles.

Êtes-vous fatigué de sentir le vent du nord, toujours âpre en descendant des Vosges, vous battre le visage ? Eh bien ! tournez vers l'ouest. Le beffroi qui surmonte cette tour carrée, percée à l'étage supérieur de trois ouvertures, c'est la porte neuve *(Marschallsthor)*. La route de Pfaffenhoffen aboutit là après avoir traversé la Moder près de Schweighausen. Si de là vous abaissez votre regard à gauche, vous verrez s'épanouir sur le derrière de la *Burg* un vaste et beau jardin, qu'entourent les deux bras de la Moder. Une riche et luxuriante végétation y réjouit l'œil des habitants du château impérial. Des fontaines jaillissantes y répandent la fraîcheur, et de leur doux murmure invitent l'aigle couronnée à abaisser la paupière pour s'endormir mollement sous la garde de ses gloires antiques. L'heure viendra, et elle est proche, où elle se réveillera, mais sans retrouver la vigueur de sa jeunesse, ni le feu de son regard, ni la pointe de ses serres. Ce que n'ont pu ni le vaillant Français, ni le Lombard turbulent, ni le Slave astucieux, ni l'invasion des barbares du Nord, — ébranler et renverser ce grand et noble monument de puissance béni des peuples et sanctifié par le christianisme, qu'on appelait le Saint-Empire, — la parole d'un moine apostat le fera. Déjà quelque jeune gentilhomme, frotté de littérature, se promène dans les allées du jardin, récitant des vers latins ou grecs; déjà quelque descendant des *Burgmœnner,* criblé de dettes, suppute les revenus du couvent voisin et compte les beaux deniers qui entreraient dans son escarcelle s'il pouvait mettre la main dessus. Il a lu quelques-uns des pamphlets de Luther contre le Pape, la Messe et les moines, et un secret instinct lui dit qu'il y aura là de quoi repeindre son blason fané.

Mais brisons là-dessus. — Écoutez le grave et majestueux bourdon de Saint-George sonner la dernière heure de prospérité du Saint-Empire : c'est la grande cloche de Saint-George, fondue en 1268 par Henri de Haguenau. Nous voici dans la direction du sud, en présence des masses imposantes de l'église principale. La tour octogonale, flanquée de ses deux tourelles, forme le noyau de ce monument, autour duquel viennent se grouper le chœur, élégante œuvre ogivale du XIIIe siècle, les transepts d'une date plus récente et la longue nef romane, construite sous Conrad III. Saint Bernard y célébra le saint Sacrifice, quand il se rendit à Spire pour déterminer l'Empereur à entreprendre la croisade, et Lavalette, l'illustre défenseur de Malte, viendra, comme chef de la commanderie de Saint-Jean de Haguenau, s'y agenouiller devant le Dieu des batailles. Voyez, tout près de l'église de Saint-George, ces longues et sévères constructions : c'est la résidence des Johannites, dont les chapelains administrèrent la paroisse pendant plus de deux siècles. Originairement Saint-George avait été l'annexe de Schweighausen, mais sous Conrad III elle fut érigée en rectorat, avec le consentement de l'abbé de Seltz, patron de Schweighausen. Les Empereurs héritèrent des droits de l'abbé de Seltz sur l'église qu'ils avaient construite. Rodolphe de Habsbourg, en 1287, y établit un chapitre, sous la direction d'un prévôt dont il se réserva la nomination. En 1536, le sénat, préludant à l'introduction de la Réforme en usurpant les droits de l'Évêque, substitua les Guillelmites aux Johannites.

La longue nef de Saint-George nous masque la vue. Même en nous penchant beaucoup sur la rampe de notre tour, il nous est impossible de voir le toit élevé du grenier de Saint-George (grenier de l'hôpital) et la puissante tour qui défend l'entrée de la porte de Strasbourg, et le petit château assis sur le plateau de la Belle-Vue, et le *Kreutzhœussel*, pieux but de pèlerinage où les habitants de la ville viennent méditer sur la Passion de Jésus-Christ. Il n'y a que le mince clocher des Guillelmites qui émerge d'une masse confuse de toits et de pignons, avec sa haute croix montée sur deux globes. Les Jésuites succèderont aux Guillelmites dans cette maison, et y seront remplacés en 1628 par les Capucins, sur les ossements desquels s'élèvera un jour une magnifique — manufacture de tabac !....

Prenons un peu plus à gauche, vers l'est. Ce grêle clocher, qui se découpe sur le fond sombre de la Forêt-Noire, indique l'Église des Franciscains, qui atteint, si elle ne les dépasse, les proportions de l'église de Saint-George. Le vaste enclos (maisons Greuel et Veinum), les belles constructions du couvent, dénotent un opulent monastère dont les religieux veillent à la garde des nombreux sépulcres, où les familles riches de la ville vont chercher leur dernier lieu de repos. Deux nobles frères de Fleckenstein quittèrent leur splendide manoir des Vosges et s'associèrent au patricien Bechtel pour fonder ce couvent, en 1238. Pénétrés de l'esprit de saint François, ils surent par leurs vertus, leurs prédications et leur école de théologie conquérir et conserver durant plusieurs siècles les sympathies et l'estime des habitants de la ville. On tenait à honneur d'être enterré au cimetière ou dans l'église des Franciscains. Actuellement (XVIe siècle), la famille de Fleckenstein, déchue de la ferveur de ses pères, est imbue d'idées luthériennes ; les moines, comme s'ils subissaient son influence, rêvent aux libertés que promettent le monde et l'évangile de Luther ; les cellules sont désertes, et le soir, quand la lune projette ses mélancoliques clartés à travers les ogives du cloître, il semble que les fantômes des premiers fils de saint François se lèvent, cherchant des frères austères et pénitents, brûlants de ferveur, et gémissent de n'y rencontrer que des tombes et des souvenirs. C'est là que le luthéranisme prendra pied et qu'il règnera pendant soixante ans; c'est là aussi que se tiendra plus tard le club des Jacobins.

Un peu plus loin, une tour très-massive marque la place de l'arsenal (*Rüstenhœusserthor,* porte de Marienthal). Tout près de là se voit le campanile des Madelonettes, remplacées plus tard par les Célestines que Léopold d'Autriche y appela. Ce sera un jour le collége.

Notre revue à vol d'oiseau est terminée, et cependant nous n'avons rien dit des maisons nombreuses,[1] des maîtrises des monastères installées en ville, de la *Laube* (tribunal), de l'Hôtel-de-Ville, de l'hôtel des Archives (bibliothèque). Avant de descendre dans la rue pour inspecter tout cela en passant, jetons un dernier regard sur ce cercle de tours, de clochers, de beffrois se détachant sur l'horizon et élevant la pensée vers le ciel. C'est, aux jours surtout où toutes ces tours font entendre leur voix d'airain, un universel et harmonieux *Sursum corda* qui s'élève de toutes parts vers le ciel, trahissant les préoccupations de l'époque et traduisant éloquemment cette parole de l'Évangile : «Que sert-il à l'homme de gagner le monde entier, s'il vient à perdre son âme ?»

Au loin la campagne parsemée de fermes[2] et entourée d'une ceinture de forêts à l'aspect sévère et mélancolique; plus loin encore, l'horizon borné par les cimes neigeuses de la Forêt-Noire et par les crêtes boisées des Vosges, forment le double cadre du tableau, au centre duquel la ville impériale s'épanouissait un peu triste, mais belle et grandiose.

Nous voici dans la rue, quittant la *Burg* et ses grandeurs qui déjà trahissent la décadence. Dans les rues longues, étroites à cause des étages supérieurs des maisons en avance sur les étages inférieurs, nous nous coudoyons avec des bourgeois affairés, pénétrés de la valeur de leurs priviléges et portant sur leur front ce je ne sais quoi de fier et de capable que la pratique des affaires et l'estime publique stéréotypent dans leurs traits. Ils ne s'écartent guère pour faire place au chevalier en léger costume de chasse, qui passe à cheval pour courir le chevreuil et le sanglier dans les profondeurs de la forêt.

---

[1] Il y en avait 2000.

[2] L'agriculture était très-avancée : chanvre, garance, grains, tabac, ces produits qui ne semblent dater que de quelques années, naissaient déjà aux XVIe et XVIIe siècles dans ces sables plus fertiles qu'on ne pense.

C'est une fière et noble race que celle de ces bourgeois des villes libres ou impériales du Moyen-Age. Les priviléges de la ville constituent leurs titres de noblesse, les insignes du métier, leur blason; leur maison est un château fort, où leur autorité est aussi respectée que peut l'être celle du chevalier derrière les créneaux de son donjon. A la tête de l'administration se trouvait le grand-bailli ou *Schultheiss,* pris par l'Empereur parmi les échevins. Il y eut aux XIIe et XIIIe siècles douze échevins nobles, qui se succédèrent de père en fils. Plus tard les bourgeois, désireux de prendre part aux affaires, firent adjoindre vingt-quatre de leurs membres aux échevins nobles. Bientôt ce nombre de conseillers parut trop grand et fut réduit à six membres qui restèrent constamment en place, tandis que, dans le principe, ils étaient réélus tous les ans.

Arrêtez-vous devant l'Hôtel-de-Ville (Marché-aux-Herbes). Au-dessus de la façade de cette construction règne une gracieuse galerie gothique, ornée des armoiries des dix villes de la préfecture de Haguenau. C'est du haut de cette galerie que les Empereurs reçoivent les hommages du sénat et des bourgeois. C'est là aussi que le sénat reçoit tous les ans le serment de fidélité des bourgeois. Il faudrait voir, le lundi après l'octave de la Fête-Dieu, ce beau et riche corps de douze cents bourgeois, divisés en vingt-deux tribus, conduites chacune par son *Constoffler* (constable), son *Zunftmeister* (chef de tribu) et son *Feuerherr* (chef de pompiers), portant les insignes de leurs professions, exerçant leur droit en élisant les nouveaux membres du sénat, et accomplissant leur devoir en leur jurant fidélité. Tous ces hommes, avant d'être admis, ont fait leur chef-d'œuvre; ils ont justifié de moyens d'existence suffisants; leur probité est contrôlée par le chef de tribu, et ils tiennent à honneur de léguer intacts à leurs enfants l'honneur et la fortune de leurs ancêtres. Chaque tribu a son saint patron, sa fête, sa bannière, ses anniversaires de Messes, sa caisse pour les veuves et les orphelins.

Le mouvement des affaires commerciales s'étend, moyennant la Moder, sur tout le Rhin, et les bateaux de Haguenau sont francs de droits jusqu'à Wesel. La guerre de Trente-Ans, qui détruira tant de bonnes choses, tuera ce commerce en rétrécissant le lit de la Moder par de nombreuses saignées, destinées à enlever l'eau à la ville assiégée.

Derrière l'Hôtel-de-Ville se trouvent les Archives (bibliothèque), reliées à l'hôtel par une petite galerie. Plus loin, dans une ruelle, se voit la *Landschreiberei*, espèce de chancellerie où se concentrait l'administration de la Décapole. Dans la même rue (près de la maison Ottmann), on rencontre un petit sanctuaire dédié à saint Jacques; dans la rue de l'Écurie, le *Sadler-Gotteshuss*, espèce de béguinage jouissant de revenus assez considérables. Avançons vers la porte de Strasbourg : à gauche se trouve la cour de Fleckenstein (maison Kratzmeyer), qui passera plus tard aux mains de l'Évêque de Spire; puis, l'hôtel de Stürzelbronn (maison de Baudel), en face de celui de Neubourg; sur le fossé, la maison du grand avocat ou *Landvogteihauss* (maison Ehrenpfort); plus loin l'École latine (maison Halter), et enfin l'Arsenal (halle au blé), qui sera dévoré en 1790 par un incendie. Tournant vers le *Landweg*, nous saluerons en passant la maîtrise de l'abbaye de Kœnigsbruck (maison Bopp), la Tour-Blanche, qui fermait la ville avant le second agrandissement de son enceinte (à côté de la maison Paganetto), le *Ritterthurm* (prison), le palais des nobles d'Ochsenstein sur le *Ritterplœtzel* (manège), la cour de Lichtenberg (bains Lutz). Si, en passant dans quelques ruelles sombres et infectes, votre regard s'est heurté contre des masures de mine suspecte, sachez que c'est la demeure d'un de ces juifs, serfs de la Chambre impériale, que protégeait, pour les pressurer, la politique des Empereurs.

Ce n'est que successivement, à la suite de trois agrandissements, que la ville acquit son étendue actuelle. D'abord elle était renfermée dans une enceinte qui, partant de la *Burg*, se dirigeait vers l'église de Saint-George, d'où elle gagnait le *Kisselsteiger-*, plus tard *Armbrusterthurm* (maison de Baudel); puis, longeant le Fossé et le Marché-aux-Grains, elle englobait le couvent des Augustins, laissant à droite la *Kœsslergass*, et aboutissait au moulin de la *Burg*. Au XIIIe siècle, l'enceinte fut beaucoup élargie; elle s'avança jusqu'aux portes de Strasbourg *(Kisselsteigerthor)* et de Marienthal *(Rüstenhœusserthor* ou *Rothenthor)*, enveloppait le couvent des Dominicains et ne s'arrêtait qu'à la Tour-Blanche (en face de la maison Paganetto), pour se diriger de là vers le *Ritterthurm* (prison) et le moulin de la *Burg*. Le dernier agrandissement eut lieu au XVe siècle et ajouta à tout cela la *Entenlach*, une partie du *Landweg*, la rue *Marschall* et Saint-Nicolas.

Arrêtons bien ces lignes dans notre mémoire, et saisissons encore une fois dans une vue d'ensemble ce théâtre, si sympathique à ses enfants, où se développèrent d'une manière si brillante les facultés, les passions, les vertus de nos pères. Encore un peu de temps, et toute cette grandeur sera effacée; la *Burg* s'écroulera, les couvents seront déserts, les maisons nobles verront pâlir la gloire de leurs habitants et la ville entière se couvrira de ruines. Déjà un point noir se montre à l'horizon, les vents se déchaînent, les arbres séculaires de la *forêt sainte* frémissent et sont ébranlés. Gardiens du beffroi, sonnez l'alarme! l'orage va éclater!

ÉTABLISSEMENT ET DÉCADENCE

DU

LUTHÉRANISME

A

HAGUENAU.

Le mouvement révolutionnaire du XVIe siècle a-t-il été religieux ou politique? La guerre de Trente-Ans fut-elle une guerre religieuse? Les défections que l'Église eut à déplorer, ont-elles été uniquement provoquées par des motifs religieux? Quand Gustave-Adolphe ravivait la guerre de Trente-Ans, quand Mansfeld ravageait l'Alsace, quand les princes allemands formaient l'Union de Smalkalde, quand l'Ordre des chevaliers s'attaquait par la plume de Hutten, par l'épée de Sickingen, au vieil édifice du saint empire romain, s'inspiraient-ils de leurs opinions théologiques? Quand les paysans se levaient à la voix de Luther et au nom de la pure doctrine, démolissant les couvents et brùlant à petit feu les seigneurs; quand Truchsess et Antoine de Lorraine les écrasaient sous les pas de leurs chevaux, ceux-là étaient-ils les champions de la Bible, ceux-ci les défenseurs de l'É-glise? Beaucoup d'historiens, appartenant à l'école protestante *ultra*, l'affirment et nos lettrés des journaux le répètent; mais ils se trompent. Le mouvement du XVIe siècle était au fond une révolution politique et sociale, et seulement en apparence une révolution religieuse. En Allemagne la chevalerie expirante voulait renverser l'autorité des princes qui semblait l'humilier ; les villes essayaient de se dégager des entraves que l'autorité de l'Empereur ou la puissance de l'Évêque mettait à leur omnipotence ; les seigneurs convoitaient les biens des moines, et les paysans, les terres des uns et des autres. On protestait contre l'Église pour s'emparer de ses biens, pour faire opposition à l'Empereur, pour atteindre les droits seigneuriaux de l'Évêque, pour se libérer d'une corvée, pour se soustraire aux vexations, aux brutalités quelquefois, d'un prince despote.

Ce côté de la Réforme explique surabondamment ses succès et justifie les mesures de rigueur, employées contre elle par les gouvernements catholiques. Les premiers adhérents de la Réforme étaient quelquefois des libres-penseurs ; ils étaient plus souvent des rebelles qui ne craignaient point de recourir à la trahison pour faire triompher leurs idées et leur parti. Toutés les oppositions coalisées se jetèrent sur les moines, plus faciles à ridiculiser que les chevaliers, et sur le Pape, plus éloigné que l'Empereur et dont l'excommunication frappait moins rudement que les lances espagnoles. L'Église était tellement enchevêtrée dans tout l'édifice politique et social, qu'il était impossible de s'attaquer à l'un sans blesser l'autre, et une fois le travail de démolition commencé, les artisans de troubles, comme si cette tâche leur eût semblé plus douce, poussèrent uniquement la sape contre l'Église. Un instinct infaillible leur disait que, celle-ci renversée, le reste tomberait de soi. Et le reste est tombé, mais l'Église se releva du milieu des décombres, moins puissante peut-être, mais rajeunie, mais immortelle.

I.

Haguenau était au XVIe siècle un petit monde où les grandes luttes religieuses et politiques se reproduisirent avec toutes leurs péripéties, dans la mesure qui convenait à une ville assez importante, la seconde de l'Alsace. Elle était à la tête de la Décapole, placée sous le pouvoir immédiat de l'Empereur que représentait un *Landvogt*. Celui-ci gérait les biens personnels de l'Empereur, défendait ses droits sur la forêt indivise, veillait à l'organisation militaire des dix villes et était, au XVIe siècle, plus préoccupé de soucis politiques que de sollicitudes administratives. Le *Landvogt*, c'était l'autorité impériale limitant et parfois gênant l'autorité municipale; il représentait, comme son maître, le catholicisme, et il le représentait d'autant plus fidèlement, qu'il était souvent un membre de la famille impériale. Dans ce cas, l'archiduc avait pour lieutenant, avec le titre d'*Unterlandvogt*, quelque membre des familles nobles, dévouées aux intérêts de l'empire : les Bollwiller, les Waldner de Freudenstein, les Spauer, etc. L'administration municipale, jalouse des prérogatives du *Landvogt*, se montrait disposée à chercher des alliances dans les camps ennemis.

La Réforme fut introduite à Haguenau, contrairement à un traité conclu entre l'empereur Ferdinand Ier et la ville, par une décision du sénat, il est vrai, mais qui était due à la surprise. C'est dans le sénat, c'est-à-dire parmi les familles nobles et les bourgeois riches, que l'apôtre de la Réforme, Schmidlin, devait rencontrer les plus vives sympathies; et si, plus tard, le sénat usa de rigueur envers les protestants, il ne céda qu'à la pression de la petite bourgeoisie et des ouvriers. Le peuple était catholique de cœur : il le resta toujours. Il se laissa gagner un instant par l'attrait de la nouveauté et par les brillantes promesses du luthéranisme; les intrigues et les violences des premiers protestants, les défaillances de quelques moines durent l'ébranler; le courant général des idées l'entraîna, mais le torrent passa et le peuple se releva catholique. Avouons-le, du reste, car c'est la vérité : si l'Église était représentée à Haguenau par sept couvents d'hommes et trois de femmes, on ne voyait là ni des caractères assez fermes, ni des dévouements assez intelligents pour tenir tête à l'envahissement des idées nouvelles.[1] La réaction catholique fut provoquée par les disciples de Jérôme Gebweiler et par les sénateurs élèves des Jésuites, par les Jésuites eux-mêmes et par les Capucins, qui vinrent plus tard ranimer le zèle allangui des uns et confondre la lâcheté coupable des autres.

Nous connaissons donc les dévouements et les oppositions qui vont se choquer sur ce terrain étroit de la ville impériale. Ce sont le *Land-*

---

[1] 1549. Lettre provinciale des Augustins au Magistrat, qui promet de meilleurs prédicateurs. — Parlant des moines franciscains qui jetèrent le froc pour se marier, le chroniqueur de Haguenau ajoute : « Inter quos nostri minores non fuerunt minimi. » La prieure des Madelonettes (*Reuerinnen*), Jægerin, quitta son couvent pour se marier avec un cordonnier. On lui fit une pension. Plus tard un procès lui fut intenté dont les débats révélèrent qu'elle avait volé les biens du couvent, avec l'aide de son futur. (Archives de Haguenau.)

vogt catholique, le sénat avec ses goûts d'opposition et d'innovation, la bourgeoisie flottant entre ses convictions catholiques et les idées nouvelles, les moines endormis dans le calme du cloître et surpris par la lutte, enfin les Ordres religieux nés au sein de la tempête et assez énergiques pour commander à ses fureurs.

Nous ne commencerons pas l'histoire de la Réforme à Haguenau comme certains auteurs protestants, qui s'enfoncent dans le Moyen-Age pour découvrir quelque lollard ou cathare, quelque vaudois ou frère morave, qu'ils saluent du nom de père de leur foi. Il est entendu parmi eux que tout être quelconque, qui a fait opposition d'une manière ou d'une autre à l'enseignement de l'Église, était protestant. Nous ne leur contestons pas ce genre de parenté, mais nous ne voyons pas quel profit leur cause et la vérité peuvent tirer de cette généalogie de bâtards. Nous ne parlerons même pas des tentatives faites par *Firn* et *Capito* pour attirer leurs compatriotes à leurs idées. Haguenau était une ville importante : Strasbourg usa de tous ses moyens pour l'entraîner dans sa défection. Des hommes de toutes les opinions y passèrent : Mélanchthon y séjourna, Servet y fit imprimer son *Traité de la Trinité*, qui valut au livre et à l'auteur les honneurs du bûcher à Genève. Toutes ces influences devaient laisser quelques traces dans la ville et dans les esprits. Mais l'établissement du protestantisme date proprement du 29 novembre 1565.

Depuis plusieurs mois, on pouvait voir pendant la nuit quelques fenêtres de la chancellerie s'éclairer d'une lumière discrète et quelques hommes s'y glisser mystérieusement. C'étaient Melchior *Sæssolsheim*, Roch *Botzheim* et Jean *Eschbach*, sénateurs; puis, Corneille *Feyerstein*, secrétaire du sénat. Séduits par les idées nouvelles, ils délibéraient sur les moyens à employer pour introduire officiellement la Réforme à Haguenau. C'était chose scabreuse. En 1549, une lettre circulaire de l'*Oberlandvogt*, datée d'Ensisheim, avait défendu à toutes les villes d'Alsace d'adopter la Réforme; de plus, le magistrat de Haguenau avait fait avec l'empereur Ferdinand Ier une convention,[1] en vertu de laquelle le luthéranisme devait à jamais être exclu de la ville. Voici à quoi l'on s'arrêta, au témoignage de Symphorien Gylmann, de la Chronique des Jésuites et de celle des Franciscains.

---

[1] Archives départementales. — Lettre de Rodolphe II (14 nov. 1585) blâmant vivement le Magistrat de Haguenau d'avoir laissé introduire la Réforme. (Étude de M. Louis Spach sur les *Landvogts*.)

Feyerstein fabriqua une missive impériale revêtue du sceau de l'empire, missive qui autorisait le sénat de Haguenau à prendre en matières religieuses telles décisions qu'il lui conviendrait, nonobstant les défenses et les conventions antérieures. Il fut arrêté que l'on produirait cette lettre devant le sénat, pour écarter les scrupules des gens timides, et que l'on provoquerait un vote favorable à l'introduction du luthéranisme. La manœuvre réussit. Parmi les membres du Magistrat, les uns crurent, les autres voulurent croire à l'authenticité de la lettre de Feyerstein, et l'on passa au vote. Le résultat du vote répondit aux vœux des conjurés ; mais comment ce résultat fut-il obtenu ? C'est un mystère qui échappe à l'historien. Ce qui pourrait le faire deviner, c'est que deux fois dans la suite, en 1568 et en 1572, les membres catholiques du sénat protestèrent contre la violence et la ruse qui avaient présidé à l'introduction de la Réforme. En 1568, ils déclarèrent que cette introduction s'était faite contrairement à la volonté de la majorité des bourgeois et du sénat. En 1572, les bourgeois et les sénateurs catholiques élevèrent de nouveau la voix contre la violente intrusion de l'hérésie et du prédicant luthérien. La proposition d'introduction, disaient-ils, a été faite d'une manière ambiguë ; la consultation, présentée au sénat d'une façon équivoque, et le dépouillement du scrutin, opéré d'une manière déloyale, puisque l'avis de la majorité était qu'il fallait laisser les choses dans l'état où elles se trouvaient.

Les catholiques fidèles remarquèrent que les quatre chefs du mouvement périrent misérablement bientôt après, et ils y virent l'effet de la vengeance divine. Quoi qu'il en soit, un fait reste acquis à l'histoire, c'est que le billet d'entrée octroyé au luthéranisme était un faux ; et cependant les Jésuites n'avaient pas encore été là pour apprendre aux quatre conjurés que la fin justifie les moyens.

Le 30 novembre 1565, toute la population de Haguenau était répandue dans les rues de la ville. Une députation de membres du sénat, accompagnée de quelques bourgeois qu'avaient fascinés les idées nouvelles, sortit solennellement par la porte de Marienthal pour aller au devant du chancelier de Tubingue, Jacques Andreæ ou Schmidlin, appelé pour enseigner la *pure doctrine*. Schmidlin était en quelque sorte le chambellan du luthéranisme. Partout où il s'agissait d'installer la religion naissante, à OEttingen, à Helfenstein, dans le Brandebourg, en Alsace, on appelait Schmidlin, dont la voix sonore et le port majestueux prêtaient à la doctrine de la foi sans les œuvres

cet équipage cavalier qui faisait les trois quarts de sa vaillance.[1] «Notre
André, dit la Chronique, s'avança coiffé d'une jolie toque garnie de
velours, les cheveux luisants, la barbe délicatement peignée et frisée,
les traits composés, l'œil solennel, laissant flotter au gré des vents
les plis de son manteau et marchant en cadence, comme si un coryphée
lui battait la mesure. Sur ses pas la foule se pressait nombreuse,
avide de voir le grand homme et admirant sa bonne mine. Les mères
élevaient leurs enfants pour le leur montrer, les fenêtres étaient gar-
nies de spectateurs; » l'escorte suivait respectueusement l'envoyé de
Dieu et de Luther. Il entra dans l'église des Franciscains. Le Magistrat, depuis plusieurs années, s'était emparé d'une partie de ce couvent et livrait maintenant la nef aux prédications du Souabe. Schmidlin prêcha pendant neuf jours : il se mit en rapport avec les habitants
notables et obtint de grands succès tant par ses entretiens privés que
par ses discours publics. Ses sermons existent encore, mais ils n'of-
frent plus aucun intérêt théologique. Schmidlin était un luthérien
rigide, mais un habile homme : il sut faire comprendre aux catholiques tièdes ou ignorants qu'il leur suffirait d'abandonner des pratiques gênantes pour être des tenants de la *pure doctrine*. Il en gagna
un grand nombre, et un beau jour Haguenau se réveilla luthérien,
luthérien orthodoxe.

Son tour fait, Schmidlin institua Philippe Herebrandt pasteur du
troupeau qu'il venait de créer, et s'en retourna en Allemagne. Avant
de le quitter, notons ce que dit de lui un historien protestant :[2] «Schmidlin était un homme de beaucoup de moyens, surtout de moyens ex-
térieurs; sa voix retentissait comme une trompette. Poussé par une
ambition démesurée, il tenta d'opérer une sorte d'union de toutes les
Églises luthériennes, de créer une espèce de papauté à son profit. Pour
réaliser ces projets, il visita les cours de tous les princes et sut se
faire écouter. Il s'unit avec Selneccer et d'autres théologiens au couvent de Bergen, pour composer la *Formule de Concorde :* singulière
concorde que celle de ces théologiens! Sans parler des sentiments
qu'ils pouvaient nourrir envers les étrangers, voyez comment ils
s'accordaient entre eux. Pendant qu'ils élaboraient leur formule, Selneccer disait publiquement à ses collègues qu'André était un impu-

---

[1] Lafontaine, Fables V, 21.

[2] *Studien über Katholizismus, Protestantismus und Gewissensfreiheit.* Schaffh.
1857, p. 201.

dent comédien, un histrion qui méprisait toute religion. André, de son côté, se plaignait de la perfidie diabolique de Selneccer, qui ne demandait pas mieux que de voir le Souabe (Schmidlin) pendu haut et court. » La *formule* fut imposée, sous peine de bannissement, par les princes luthériens.

Pour achever de peindre ce personnage, un des hérauts de la liberté de conscience au XVIe siècle, ajoutons un trait. En 1578 il déclara à l'électeur Auguste de Saxe qu'il ne fallait pas seulement obéir à l'autorité séculière dans les choses temporelles, mais aussi dans les questions religieuses. « La parole de Dieu veut sans doute, dit-il, que l'on obéisse à Dieu plutôt qu'aux hommes, mais si un gouvernement voulait forcer ses sujets à se faire idolâtres, ils n'auraient pas le droit de s'y opposer par la force. Ce serait une révolte que Dieu ne permet pas. » Schmidlin essayait à cette époque d'empêcher les princes luthériens d'aller secourir les calvinistes des Pays–Bas. L'écrivain protestant que nous citions tout à l'heure flétrit ainsi ce conseil : « Jamais les Jésuites ne professèrent, même en faveur du Pape, une doctrine aussi vile que ce théologien de cour rampant comme un chien devant son maître.[1] » Si plus tard la réaction catholique avait appliqué aux prosélytes de Schmidlin les doctrines qu'il professait à la cour de son maître, il n'aurait pas eu le droit de s'en plaindre.

Les historiens protestants affirment que le nombre des luthériens s'éleva peu à peu jusqu'au chiffre de 3000, et nous trouvons dans les archives de Haguenau que, pendant le laps de temps qui s'écoula entre les années 1575 et 1585, ils formaient près des deux tiers de la population. Il est certain que les Jésuites convertirent, pendant les années qui suivirent, leur entrée en ville, plus de 2140 luthériens. Les Capucins reçurent de leur côté bon nombre d'abjurations; ils en comptèrent plus de 100 en une année. Il n'en était pas moins resté un bon noyau de catholiques, quoiqu'il fût peu représenté au sénat. Une des premières sollicitudes des luthériens devenus puissants, avait été d'éliminer du sénat les membres catholiques. Ils réussirent si bien, qu'il n'y resta que quelques membres, hommes énergiques, il est vrai, pleins de courage et qui surent regagner le terrain perdu.

Tout-puissants au sénat, les protestants durent encore l'être dans la ville. Le sénat avait des attributions nombreuses et étendues. Il ré-

---

[1] *Diese hündisch-knechtische Hoftheologie.*

glait les impôts et les prestations ; il administrait la justice civile et
criminelle et, depuis qu'il était infecté d'idées protestantes, il avait
mis la main dans les affaires religieuses. Tant qu'il fut catholique et
dévoué, l'Église pouvait, dans une certaine mesure, le laisser faire ;
mais maintenant qu'il était passé au schisme, c'était la plus outre-
cuidante des prétentions de vouloir régler les affaires religieuses des
catholiques. Il commença par s'emparer de l'administration de la fabrique, très-riche alors, de Saint-George ; il chargea de l'économat
un ardent fauteur de l'hérésie, Sæssolsheim ; un autre coryphée de
la secte, Gottesheim, de concert avec quelques membres du sénat,
donna à la paroisse un curé de sa façon, Jacques Textor. Nous avons
sous la main la minute du contrat passé entre le sénat et ce Jacques
Textor, et nous ne savons ce qui doit surprendre le plus, de l'aplomb
magistral des sénateurs qui apprennent au curé comment et sur quoi
il devra prêcher et résoudre les cas de conscience, ou de la bassesse du
prêtre qui osa signer un pareil marché. Par le fait, c'était le magistrat qui se constituait prédicateur, confesseur, directeur des consciences ; Textor n'en était que le porte-voix. Il se conforma aux
instructions des nobles seigneurs, fit mal son devoir de prêtre et de
curé et finit par déserter son poste pour pouvoir vivre *selon l'Évangile,* ce qui veut dire qu'il se maria.

Déjà antérieurement, le sénat avait envahi le couvent des Franciscains, et malgré les protestations de leur provincial, il avait converti
en asile pour les étrangers (*Fremdenherberge*) plusieurs corps de bâtiments qui en dépendaient. Quand il introduisit Schmidlin dans la nef
de l'église de ce couvent, il ne faisait que confirmer un système de
spoliations, inauguré quelques années auparavant. Ce couvent, ainsi
que la fabrique de Saint-George, eut son économe ou *Pfleger ;* ces économes étaient des gens pris au sein du sénat, et ennemis des moines.
On comprend ce que pouvaient devenir en de telles mains les intérêts
des religieux. Aussi la Chronique des Franciscains, qui note tous les
ans le nom de l'économe, se permet-elle d'ajouter quelquefois : « Cette
année nous avions pour économe Gottesheim ; il ne s'est pas oublié. »
Une autre fois elle fait un calembourg,[1] vengeance posthume qui n'em-
pêcha pas les économes de s'enrichir et les finances des couvents de
s'épuiser. On procéda plus sommairement encore contre les Prémon-

---

[1] *Unser Pfleger hat sich so gut gepflegt, dass wir am End nichts hatten.*

très attachés à l'église de Saint-Nicolas ; ils furent chassés de leur couvent, qui resta désert, et leur église fut ouverte aux prédicants, qui y célébrèrent leur culte pendant quelque temps. Tous les établissements religieux s'appauvrirent,[1] et tandis que l'on installait ainsi la faim dans le cloître, on faisait luire aux yeux des moines et des religieuses les séductions et les joies faciles que leur présentait l'*Évangile* au dehors. On confisqua même les biens des fondations catholiques au profit des prédicants luthériens. En 1593, le sénat reconnut, dans une pièce qui existe encore, avoir employé pour le culte luthérien le revenu des chapellenies de l'hospice et du château impérial, et il refusa de restituer les biens de la fondation à la famille de Jean Hirschmann, lequel les avait donnés pour le soulagement de son âme.[2]

A toutes ces mesures prises en faveur de la liberté de l'*Évangile*, le sénat en ajouta une autre dont la portée fut plus grande encore : il remit l'enseignement à des pédagogues luthériens.

Pendant que le sénat faisait peser ainsi son bras de fer sur les catholiques, il étouffait leurs plaintes ou les livrait aux outrages de la populace et à l'éloquence des prédicants. Les catholiques étaient insultés dans les rues, on les couvrait de sarcasmes et d'injures dans les tribus (*Zunftstuben*).[3] S'ils se défendaient, — et ils le firent quelquefois, — il se trouvait qu'ils avaient toujours tort. Un jour, une pierre fut lancée dans l'église des Prémontrés et atteignit le prêtre qui célébrait la Messe. Du haut de la chaire, les prédicants fulminaient les plus grossières diatribes. Le Pape était à leurs yeux l'Antechrist ;[4] Rome, une nouvelle Babylone ; le catholicisme, un absurde

---

[1] Voy. aux Archives de Haguenau une pétition des *Reuerinnen* (Madelonettes), demandant des secours. — En 1634, le sénat autorise les Franciscains à faire une quête pour se tirer de la misère. — L'organiste de Saint-George, un franciscain, demande à la fabrique un traitement de 80 livres, vu l'état de dénuement où il se trouve avec ses frères.

[2] On a beaucoup vanté la charité des princes et des magistrats, qui consacrèrent aux pauvres et aux écoles *une partie* des biens destinés par les catholiques au soutien de la foi. Ces princes et ces magistrats eussent parfaitement agi, s'ils avaient pris dans leur propre poche ; mais prendre au voisin pour donner au pauvre, c'est trop facile pour être méritoire.

[3] Rapport du Conseil de préfecture transmis par M. de Bollweiler : « La morgue des bourgeois luthériens devient de plus en plus grande ; la place n'est plus tenable. » (Arch. de Strasb.)

[4] Schmidlin démontre péremptoirement dans un de ses traités que le Pape est *l'antechrist*.

amas de pratiques idolâtres ; ils trouvèrent moyen de comparer la
sainte Vierge à un chien de meunier ! Il n'y a là rien qui doive éton-
ner : Luther avait donné le branle. Jamais, depuis que les hommes
parlent, un langage plus grossier, plus furibond n'avait été porté dans
une chaire publique. Les échos de l'église de Wittemberg retentis-
saient dans toutes les chaires luthériennes, et l'on n'a point de peine
à comprendre en quels propos et en quels actes le peuple devait tra-
duire ce beau langage.

Que devenait dans cette situation l'influence du *Landvogt?* Cette
charge, qui appartenait nominalement à l'archiduc Ferdinand, était
remplie alors par Nicolas de *Bollweiler,* homme plein de cœur et d'éner-
gie, qui eût voulu opposer la force aux violences du jeune zèle des luthériens. Pendant longtemps son rôle se borna à celui de rapporteur auprès
de son gouvernement, qui ne pouvait ou n'osait rien faire. Il signala
à l'Empereur le projet bien arrêté du sénat d'expulser de la ville jusqu'au dernier des catholiques; il demanda que l'on usât de rigueur
contre ces ambitions intolérantes.[1] Mais rien ne se fit. Rodolphe II se
contenta d'adresser au sénat deux lettres assez vertes, dans lesquelles
il le blâmait d'avoir agi, en introduisant le luthéranisme, contrairement aux conventions conclues avec Ferdinand Ier, et prescrivait finale-
ment le maintien d'un curé catholique. Le sénat tint peu compte de
cette intervention : Sæssolsheim, stettmeister alors, éludait au moyen
de protocoles filandreux l'accomplissement des ordres impériaux, et
Gottesheim récriminait violemment, dans les assemblées du sénat,
contre l'*Unterlandvogt ;* il allait même jusqu'à le citer à sa barre.
L'autorité de l'Empereur était très-faible : les protestants d'Allemagne
d'un côté, les Turcs de l'autre, absorbaient trop le pouvoir central
pour qu'il pût s'étendre jusqu'aux limites extrêmes de l'empire. Le
Landvogt catholique était une influence; ce n'était plus un pouvoir.
La ville restait livrée à elle-même, et il s'agissait de savoir si le catholicisme submergé par le torrent ne reparaîtrait plus sur les flots.

[1] Voy. le Rapport de M. Louis Spach sur la préfecture de Haguenau.

II.

On pouvait croire que le catholicisme, serré comme dans un étau
par le pouvoir hostile du Magistrat, serait étouffé à tout jamais.
Dans cet espoir, on sonnait déjà ses funérailles; mais c'était une illusion. Les catholiques de Haguenau, dévoués de tout temps au culte
de la Sainte-Vierge, attribuèrent plus tard à l'intercession de Marie
le mouvement de réaction qui eut lieu et qui réussit. Nous ne dou-
tons nullement de cette intervention puissante, mais elle échappe à
l'appréciation de l'historien qui se borne à étudier les causes natu-
relles et apparentes des événements. La réaction fut un peu l'œuvre
des protestants, mais bien plus celle des Jésuites.

Le protestantisme avait beaucoup promis : il avait aboli avec
une vigueur admirable et jeté dans le même gouffre pratiques res-
pectables, abus réels, vérités séculaires, institutions surannées.
Il avait tonné avec une vertueuse indignation contre la paresse et
la corruption des moines, contre l'ignorance et les mœurs grossières du peuple, contre les vices inséparables de tout établissement
qui est humain par un côté. C'était bien,[1] et l'on devait attendre
naturellement qu'il ferait mieux. Ébloui par ses brillantes promesses,
on attendait, non sans quelque inquiétude, le retour de l'âge d'or.
On se trouvait dans la situation d'esprit qu'avaient créée, à la fin du
XVIIIe siècle, les promesses des philosophes; en 1848, les rêveries dé-
cevantes des socialistes. Arrivée au pouvoir, que fit la Réforme? Ce
que fit la philosophie en 1790, ce que fit sous nos yeux le socialisme :
des choses ridicules ou odieuses. Les échos de la voix sonore de Schmidlin s'étaient tus, et ses successeurs étonnaient le monde par leur inca-
pacité. Ils l'étonnèrent par autre chose encore. Il paraît que cette
nuée de prédicants qui, sortis presque tous de la Souabe, s'abattirent
sur l'Allemagne et sur Haguenau, ne brillèrent ni par l'intelligence,
ni par les mœurs. Si les moines corrompus avaient disparu, il y
avait des prédicants éhontés, dont les doctrines peuvent avoir été ré-

---

[1] Aucun de nos lecteurs ne se méprendra sur le sens de cette approbation. (N. d. R.)

formées, mais dont les mœurs étaient détestables. L'historien protestant Plank (II, 342) raconte que des moines défroqués, des ouvriers
fainéants couraient le pays et se faisaient reconnaître comme prédicants luthériens, en emmenant avec eux une femme et des enfants.
« Il se trouvera à la fin, dit Luther (XI, 2521), que ceux qui auraient
dû être de vrais chrétiens, seront devenus pires qu'ils n'étaient quand
ils se croyaient obligés de faire des bonnes œuvres d'après l'enseignement du Pape. » Luther lui-même, — et il n'avait pas le droit d'être
difficile, — Luther s'en plaignit amèrement avant de mourir. Le
peuple en fut témoin, et le désenchantement succéda à l'illusion. Les
chroniqueurs de la ville rapportent, de la vie privée des prédicants
d'alentour, des traits qui n'étaient pas de nature à leur concilier l'estime du peuple ni de la bourgeoisie, soit catholique, soit luthérienne.
Faciles à émouvoir, mais prompts à se calmer, les habitants compri-
rent qu'ils avaient été dupes, et il leur suffit de voir le spectacle d'un
sacerdoce vraiment réformé pour revenir à leurs anciennes croyances
ou pour s'y affermir. Là fut le secret de l'action puissante, du *charme*,
comme dit un pasteur protestant, exercé par les Jésuites sur la population de Haguenau.

Même aux temps les plus mauvais, quelques membres catholiques
avaient pu se maintenir au sénat. Impuissants contre l'invasion du
mal, ils s'enveloppèrent dans le deuil et l'inaction jusqu'à ce qu'ils
vissent les symptômes du désenchantement se produire chez leurs collègues. Plusieurs jeunes bourgeois avaient fait leurs études dans des
colléges dirigés par les Jésuites; ils se distinguaient entre tous par
leur science et par la fermeté de leurs principes. En face des luthériens improvisés et peu convaincus de Haguenau, c'étaient des hommes
d'une grande autorité. Ils enrayèrent le mouvement anti-catholique
et préparèrent une réaction. Il était temps. Quand le curé *Schwan* de
Saint-Nicolas appela deux Pères pour l'aider au temps pascal, il n'y
avait à l'église de Saint-George que soixante-dix communions pas-
cales. Le curé avait fui, et les Franciscains, qui suppléaient le vicaire,
ne faisaient rien ou ne pouvaient rien faire. Le sénateur catholique
Bœr obtint du Magistrat, pour ses collègues *Rueff* et *Reimbold,* la
permission d'aller demander à Molsheim deux Pères de la Compagnie
de Jésus, devant résider à Saint-George et y faire l'office de curé.
C'était en 1595. Dix années après, les Pères, par leurs prédications,
par leur habileté dans la direction des âmes et par leur ardeur pieuse,
avaient tellement développé les éléments catholiques qui s'étaient ren-

contrés sous leur main, que le sénat leur confia la direction de l'enseignement public.

Nous n'avons pas à faire ici l'éloge de l'illustre Compagnie; ses adversaires, par l'ardeur de leur haine, l'ont fait mieux que nous ne saurions le faire. En étudiant les documents de l'histoire de Haguenau, nous l'avons suivie pas à pas, travaillant d'une manière lente, mais sûre, mais efficace, à régénérer une population qui avait trop légèrement et en masse déserté le culte de ses pères. Nous l'avons vue constamment zélée, active, de mœurs pures, savante et dévouée. Elle sut gagner l'estime, sinon l'affection des luthériens; elle sut s'attacher les enfants protestants confiés à ses soins, et quand l'épidémie envahissait la cité, ce qui arriva plusieurs fois, on voyait ses membres mourir à leur poste au chevet des pestiférés.

Mais il est utile peut-être d'étudier en détail les moyens que ces religieux employèrent pour ramener et river au roc de Saint-Pierre les habitants d'une cité devenue en grande partie protestante. Ce sera une étude curieuse qui initiera les adversaires de la Compagnie de Jésus aux secrets de leur stratégie.

La station quadragésimale prêchée par les Jésuites à Saint-Nicolas avait fait grande sensation, et lorsqu'ils vinrent plus tard prêcher à Saint-George, leur parole devint de plus en plus sympathique au peuple. Cette parole claire, colorée, ardente, ces instructions populaires et substantielles, cet ascétisme chrétien, que la pratique des exercices de saint Ignace faisait rayonner dans la prédication, la vie et les écrits de ses fils spirituels, firent vibrer puissamment la fibre catholique. Bien des hommes qui avaient flotté incertains jusque-là, et que les luthériens avaient comptés parmi les leurs parce qu'ils faisaient écho à leurs déclamations, rentrèrent successivement dans le bercail. Il y eut tous les ans de vingt à trente conversions à la foi catholique. Les fidèles, de leur côté, fiers d'être si dignement représentés, avaient repris courage; ils relevèrent leurs fronts humiliés par vingt années de défections, d'asservissement et d'outrages. Le gouvernement impérial, avait agi sur le sénat pour faire appeler les Jésuites; il leur continua son appui et leur fit obtenir la succession des Guillelmites, religieux qui avaient été chargés pendant quelque temps d'administrer Saint-George et Marienthal, mais qui s'éteignirent assez obscurément. En un mot, la réaction était commencée; elle était commencée à armes courtoises, sans violence, uniquement par la force morale; et elle n'en était que plus respectable et plus forte. Les luthériens le com—

prirent, et ils essayèrent de l'arrêter par la force, mieux que cela, par les armes.

C'était en 1603. Les habiles du parti ardent, — car tous les luthériens n'étaient pas complices de cette odieuse trame, — commencèrent à répandre discrètement le bruit que les catholiques nourrissaient des projets perfides contre leurs concitoyens. Les Jésuites étaient nommés comme les auteurs du complot, qui devait étouffer dans le sang la pure doctrine ; les Molshémiens sont prêts, disait-on, ils sont armés, ils vont envahir la ville pour aider les catholiques à égorger les protestants. Ces bruits, qu'on a vus se reproduire périodiquement en Alsace à chaque commotion politique, trouvèrent facilement créance. Les habiles profitèrent de ces dispositions pour suggérer à leurs coreligionnaires le moyen de prévenir cette Saint-Barthélemy : on ferait une Saint-Barthélemy protestante, et sur-le-champ on se mit à l'œuvre. Le stettmeister Hecker, qui était luthérien, laissa faire complaisamment. On s'arma en secret, et la nuit du Vendredi-Saint fut fixée pour l'exécution de ces sanguinaires projets. Sous l'impulsion donnée par les Jésuites aux exercices religieux et à la sévérité de la discipline, les catholiques étaient absorbés par les grandes et douloureuses pensées de la Passion de Jésus-Christ. Les exercices religieux se prolongeaient fort avant dans la nuit, et le jeûne et les macérations avaient assez affaibli ces fervents chrétiens pour rendre nécessaires quelques heures de repos.

Tout à coup un bruit sourd se fait dans la rue ; des portes s'ouvrent et se ferment, des pas d'hommes armés retentissent lourds et menaçants. Les corps-de-garde sont envahis et les portes de la ville ouvertes aux luthériens de Schweighausen que l'on attendait. Quelques catholiques qui se hasardent isolément dans la rue sont attaqués, maltraités et rejetés violemment dans leurs demeures. Qu'était-ce ? C'étaient les ardents du complot qui avaient pris les devants et qui attendaient que le tocsin appelât aux armes toute la population luthérienne. Mais le tocsin, signal convenu d'un mouvement général, ne se fit point entendre : c'est que la veille le frère sacristain des Jésuites, en faisant la visite intérieure de la tour, avait vu un homme s'y glisser mystérieusement. Surpris à son poste, cet homme ne put donner aucune raison de sa présence, s'embarrassa dans des explications incohérentes et fut mis dehors. Les événements de la nuit expliquèrent ce qu'il avait voulu.

Cependant les catholiques, réveillés, tremblants d'abord, se re-

mirent de leur terreur et s'armèrent à leur tour. Plusieurs sénateurs
catholiques accoururent à l'Hôtel-de-Ville. Ils y trouvèrent le stettmeister feignant l'ignorance du complot et l'impuissance de le répri-
mer. On l'assaillit de prières, d'instances, pour qu'il fît marcher les
soldats du guet contre les conjurés; on menaça de le dénoncer à l'Empereur comme complice du massacre. Hecker fut intimidé : il se laissa
arracher un ordre qui mit les soldats de la ville en mouvement contre
les perturbateurs, et le complot fut ainsi déjoué. Les instigateurs
s'effacèrent, et les gens dupés, qui étaient nombreux, rentrèrent dans
leurs demeures, honteux de s'être laissé entraîner à une entreprise
criminelle. L'empereur Rodolphe II, informé par son Landvogt, menaça de sa colère le Magistrat de la ville, et quelques années plus
tard une commission d'enquête, instituée par le gouvernement impérial, infligea des peines aux auteurs de la conjuration.

Cette tentative, en trahissant les craintes des luthériens, éclaira les
catholiques et stimula le zèle du gouverneur, qui dès lors intervint
plus souvent en faveur de ses coreligionnaires. De leur côté, les Jésuites redoublèrent d'efforts : ils établirent de grandes catéchèses dans
les deux paroisses et firent arriver la jeunesse à un degré d'instruction
inconnu jusqu'alors. En 1607, l'école latine, qui végétait sous la direction d'un pédagogue luthérien, fut confiée par le Magistrat aux
Pères de la Compagnie, qui s'adjoignirent encore un aide luthérien,
obligé de suivre leurs méthodes d'enseignement, dont la supériorité
était reconnue. Cet arrangement ne fut maintenu que jusqu'en 1611,
où les élèves protestants furent placés dans une école à part, sous la
direction d'un maître de leur confession. Le collége de Haguenau acquit
bientôt une juste célébrité; on accourait de la Lorraine pour y recevoir une éducation morale et scientifique complète.

Afin de rallier et d'organiser tous les éléments de vertu et de zèle ré-
pandus dans la ville, plusieurs congrégations furent établies. C'é-
taient toujours des congrégations d'hommes. La première, celle des
bourgeois, devint très-nombreuse et très-fervente, à ce point qu'on
l'appelait *la sainte congrégation.* Rallumer la foi et purifier les mœurs
qui avaient reçu de rudes atteintes, tel était le double but de cette
association d'honnêtes bourgeois. On ne souffrait pas que les membres de
la congrégation se livrassent à des excès. Quand l'un d'entre eux traînait
trop longtemps dans la *Trinkstube*, quand il accordait à sa langue des
libertés malséantes, quand il négligeait ses affaires ou ses enfants, ses
confrères l'avertissaient charitablement. Le plus souvent il profitait de

l'avertissement, parce qu'il craignait la flétrissure de l'exclusion. Mais on ne se bornait point à la pratique des vertus ordinaires ; on aspirait à une perfection de vie qui est bien loin des mœurs actuelles. La confession et la communion fréquentes, la méditation, des austérités secrètes et publiques entrèrent dans le règlement de ces pieuses associations. Une congrégation semblable ayant été établie pour les étudiants, une autre pour les jeunes ouvriers, il y eut bientôt entre elles une telle émulation de zèle, que leur influence se fit sentir dans toute la population. Schmidlin l'avait rendue luthérienne, les Jésuites la *réformèrent*, et, par leur exemple et leur direction, rendirent une étincelle de ferveur aux anciens Ordres religieux établis dans la ville.

Les Jésuites ne firent rien spécialement pour la direction des femmes ; mais l'ébranlement général se communiqua à elles, et les contemporains ont noté plusieurs traits qui prouvent combien leur vertu était devenue sérieuse et solide. Il nous reste une notice manuscrite de Barthélemy *Bildstein*, successivement sénateur, stettmeister, échevin, et l'homme le plus éminent de cette époque. Dans cette notice sur la vie de sa femme, Julienne Wurtkind, il nous apprend qu'elle jeûnait deux fois la semaine, qu'elle s'arrêtait au milieu du repas quand un mets lui convenait beaucoup, qu'elle portait le cilice, se donnait la discipline, couchait sur le plancher, versait de larges aumônes dans le sein des pauvres, demandait pardon à sa servante quand une parole vive lui échappait. Bildstein lui-même, c'est le chroniqueur jésuite qui le rapporte, l'homme le plus éclairé de la ville, riche et souvent placé à la tête de l'administration, se distinguait par l'austérité de ses pénitences. Les Jésuites avaient introduit l'usage de chanter chaque semaine du Carême deux fois le *Miserere* à l'église. Pendant que les accents de la pénitence ébranlaient les voûtes du temple, les lampes s'éteignaient successivement pour ne plus laisser qu'une faible lueur dans le sanctuaire. Alors les plus fervents saisissaient une discipline et se flagellaient avec une rigueur telle que le sang jaillissait de leurs épaules meurtries. Bildstein, malgré les précautions qu'il prenait pour n'être pas reconnu, fut remarqué pour sa sévérité dans cette pratique. Le jour du Vendredi-Saint, après le sermon du matin, on se portait processionnellement hors de la ville, à la chapelle de la Croix. Les jeunes ouvriers, les bourgeois les plus zélés, imitant à la lettre Jésus portant la croix, se chargeaient de lourdes croix et passaient dans la rue, nouvelle voie douloureuse, en se flagellant. Ils y mettaient une telle ardeur et une componction si vive, qu'un jour les soldats du régiment de Deux-Ponts, en garnison à Haguenau, entraînés par leur exemple, entrèrent dans les rangs pour se soumettre aux mêmes rigueurs. Parmi les femmes, la ferveur ne fut pas moindre : un grand nombre d'entre elles demandaient à leurs confesseurs la permission de porter le cilice et de se donner la discipline.

Nous savons ce que pensent aujourd'hui de ces pratiques certains esprits forts dont la chair est bien faible; nous savons aussi combien elles paraissent édifiantes aux catholiques fervents. Ce qui est certain, c'est qu'il est plus facile aux uns de ridiculiser, aux autres d'admirer ces austérités que de les pratiquer. En tout état de cause, elles sont une preuve frappante de la sincérité et de la ferveur des catholiques à l'époque que nous décrivons.

Les historiens protestants se sont efforcés de découvrir le charme employé par les Jésuites pour ramener au catholicisme les luthériens de Haguenau. Au lieu de reconnaître l'ascendant de la vertu et le succès de la vérité, ils ont rêvé je ne sais quelles pratiques ténébreuses, cauteleuses, perfides, et ils ont fait l'histoire de leurs rêves, au lieu de faire l'histoire des événements. Nier la vertu, on le peut; mais donner des soupçons et des calomnies pour des faits, on ne le doit.

Toute conviction forte tend à s'épancher au dehors : de là vient le prosélytisme. Le prosélytisme, né d'une conviction sincère et scrupuleux dans les moyens qu'il emploie pour conquérir des âmes à ce qu'il croit être la vérité, est une chose infiniment respectable : c'est un apostolat. Les catholiques, revenus à l'antique foi, brûlaient du désir d'y ramener leurs frères. Ils disposaient à cet effet de trois moyens : leur conduite, et c'était le plus puissant, la controverse et la prière. La controverse était la vie, la manie du XVIe siècle. Les protestants l'avaient fait naître, et l'on sait qu'aujourd'hui encore il en est parmi eux qui la recherchent avidement. Les catholiques s'en firent une arme défensive : la chaire de l'église des Franciscains retentissait sans cesse d'attaques virulentes contre la doctrine catholique. Le prédicateur dominical de Saint-George répondait avec vigueur. Tantôt c'était le prédicant Hengher, tantôt Fertig, tantôt Ossiander, envoyé *ad hoc* par le duc de Wurtemberg, qui éclataient en invectives. Ils eurent même recours à la presse pour donner plus de retentissement à leurs attaques; mais ils trouvèrent un rude adversaire dans le Père Vogler, qui dirigea contre eux une réfutation si vive et si forte qu'ils s'adressèrent eux-mêmes au Magistrat pour demander que le silence fût imposé aux uns et aux autres.

2

A cette action de la parole les catholiques joignirent celle de la prière : ils priaient beaucoup pour la conversion des âmes et ils furent exaucés. Une famille riche et honorable était surtout le point d'appui des luthériens, la famille *Scheid*. Pour obtenir son retour, la congrégation des hommes adressa pendant quinze jours des prières à Dieu, et fit deux fois, à la même intention, le pèlerinage de Marienthal; ses efforts furent couronnés d'un plein succès. Nous l'avons déjà dit, il y eut tous les ans une vingtaine de conversions, et quand les Capucins vinrent en 1613 joindre leurs efforts à ceux des Jésuites, ce nombre s'accrut beaucoup.

Et cependant, aucune violence n'était faite aux consciences, aucune raison humaine ne déterminait ces retours : les luthériens étaient toujours en nombre au sénat, et depuis dix ans la chancellerie était exclusivement occupée par des employés protestants. Le protestantisme était vaincu par la force morale uniquement. Plus tard sans doute, quand les luthériens, irrités par les défections, redoublèrent leurs attaques; quand on les vit nouer des intrigues tantôt avec Strasbourg, tantôt avec les princes de Wurtemberg, le duc de Brunswick et le prince palatin; quand enfin ils eurent appelé sur la ville Mansfeld et les calamités qu'il traînait à sa suite, alors les catholiques devinrent exclusifs et éliminèrent du sénat les membres luthériens; alors ils usèrent d'autorité contre les imprudents qui pactisaient avec l'ennemi et sacrifiaient le salut de la patrie à leurs passions politiques et religieuses.

III.

Mansfeld était un de ces nobles soudards, sans principes religieux ni politiques, passant d'un camp à l'autre, qui furent la calamité de l'Europe au XVIe siècle. Mécontent de la maison d'Autriche qu'il avait servie d'abord, il se fit calviniste par dépit et mit au service du comte palatin et de la Réforme son incontestable talent de capitaine. Il inaugura la guerre de brigandage, marquant son passage par l'incendie et le meurtre, rançonnant les catholiques, persécutant les prêtres, se donnant pour un zélé réformé, et mérita en Alsace, dont il ravagea vingt-six lieues de territoire, le titre d'*Attila du Nord*. Il venait de prendre Lauterbourg. Des marchands strasbourgeois, accompagnés d'un protestant de Haguenau, dont le nom n'a pas été conservé, mais qui fut puni plus tard par le gouvernement impérial, se glissèrent auprès de lui pour l'engager à se jeter sur Haguenau. — « Cette ville est riche, disaient-ils, elle persécute les protestants ; les Jésuites ont enfoui dans leur maison des trésors immenses ; ils ont fait jouer une comédie où parurent ridiculement Ernest de Mansfeld et le comte palatin Frédéric. Il conviendrait au champion du *libre Évangile* de délivrer les protestants de Haguenau et de châtier l'insolence des Jésuites et du Landvogt autrichien. » — Mansfeld s'empressa d'accueillir ces ouvertures : ses bandes, le devançant, accoururent sous les murs de la ville, la sommant de payer une rançon très-forte, si elle voulait sauver du pillage les fermes et les hameaux d'alentour. Ce message remplit les bourgeois de terreur. Les hommes s'armaient et couraient aux murailles ébréchées de la ville ; les femmes éperdues se réunissaient à l'église, priant, se confessant, se préparant à la mort. Ces terreurs n'étaient que trop fondées : les ouvrages de défense n'étaient pas en bon état ; il n'y avait point de milice exercée, et d'ailleurs la trahison veillait dans l'intérieur de la ville. Les bourgeois protestants faisaient hautement des vœux pour l'ennemi, l'ennemi de l'empire. On entra en composition : les généraux mansfeldiens étaient déjà convenus avec le sénateur Bildstein, chargé de la négociation, que la ville paierait 100,000 florins, quand, sur les instances de quelques bourgeois de Strasbourg, Mansfeld rompit le traité et exigea 170,000 florins en sus, dont 40,000 devaient être soldés par les juifs. Il fallut bien passer par les conditions du *condottiere*.

Le 31 décembre 1621, il fit son entrée en ville et fut accueilli avec enthousiasme par les habitants protestants, qui avaient envoyé trois députés au-devant de lui. La première mesure qu'il prit, ce fut d'exclure les catholiques du sénat et de tous les emplois publics. Il les fit remplacer par des luthériens. Ses soldats, ramassis d'aventuriers insolents et rapaces, furent logés exclusivement chez les habitants catholiques, qui durent subvenir à leur entretien et qui furent sans cesse en butte à leurs vexations et à leurs violences. Les prêtres, menacés, persécutés, se cachèrent et ne purent plus administrer les sacrements que sous des déguisements. Les Jésuites échappèrent au glaive du champion de la Réforme par une fuite habilement concertée avec quelques bourgeois catholiques. Marienthal fut saccagé, ainsi que les fermes et les villages des environs ; la forêt fut ravagée et Mansfeld, furieux de la fuite des Jésuites, était sur le point de brûler la ville. Les écoles et les chaires luthériennes retentirent d'un immense cri de joie. La ville était délivrée, le *pur Évangile* triomphait : on reprendrait aux catholiques ce que la réaction leur avait fait gagner de terrain. Ces insolences d'un parti, appelant à son aide l'ennemi de la patrie et vainqueur par la trahison et la violence, laissèrent dans les esprits humiliés, aigris, des traces indélébiles. On comprit que si Haguenau subissait le joug de cet aventurier cruel et pillard, elle le devait à ses divisions, et qu'elle ne serait forte à l'avenir qu'après avoir retrouvé l'unité religieuse.

Le gouvernement impérial tira de cet événement la même conclusion, et si plus tard il usa d'autorité pour rétablir l'unité, il pouvait s'inspirer des leçons de Mansfeld et des traîtres qui l'avaient appelé. Du reste, l'enthousiasme des luthériens ne tarda pas à se calmer : après avoir dévoré les ressources des catholiques, Mansfeld logea ses garnisaires chez les protestants, et quand ils essayèrent de se plaindre de la brutalité de ses bandes, il put leur répondre : «Il faut bien souffrir quelque chose pour la liberté évangélique que je vous apporte : je donne mon sang, vous ne donnez que vos écus.» — Sept mois plus tard il se dirigea sur Saverne, pillant et brûlant tous les villages qui se trouvaient sur son chemin. Saverne se défendit vaillamment. Dégoûté de sa tentative, le fléau de l'Alsace revint à Haguenau, dont il fit relever les fortifications, puis descendit le Rhin pour se faire battre par Tilly et Gonsalve de Cordoue, repassa en Alsace, poussa ses bandes sur Andlau, Obernai, Rosheim, dont il fit incendier les maisons et massacrer les habitants, et vint se heurter une seconde fois contre les murs de Saverne, défendus par le vaillant comte de Salm. Il fut défait, son armée se désorganisa, et il alla mourir en Dalmatie (1626). Avec lui tombèrent les espérances du parti luthérien, et dès lors le protestantisme à Haguenau entra dans une ère de rapide décadence. Le pouvoir civil intervint pour hâter ce mouvement. On a pris de là occasion de jeter aux catholiques et au gouvernement impérial des accusations d'intolérance, de violence, de persécution. Cela nous oblige de jeter un coup-d'œil en arrière.

Le premier acte public du protestantisme, celui que l'on cite comme le plus glorieux de la Réforme, et qui lui valut son nom, la *protestation* de Spire, avait été l'inauguration et la consécration d'un odieux système d'intolérance. De quoi s'agissait-il à Spire? Il s'agissait de savoir si les princes pouvaient à leur gré forcer leurs sujets à changer de religion. Les princes catholiques répondirent non ; les princes protestants répondirent oui et *protestèrent* contre le mandat impérial qui avait adopté l'opinion des catholiques. La protestation de Spire fut le début d'une ère d'oppression de la part des princes; d'avilissement, d'apostasies forcées, de la part du peuple. Les sujets du prince palatin furent obligés cinq fois, dans l'espace de quelques années, à changer de culte, et à chaque changement les consciences rétives furent cruellement persécutées. Les comtes palatins leur firent successivement abandonner le catholicisme, le calvinisme, le luthéranisme, puis encore le calvinisme et le luthéranisme. Les peuples, qui avaient offert d'abord des exemples de résistance, — résistance brisée par le glaive, — finirent par régler leur conscience sur les caprices du prince régnant, brûlant et adorant tour à tour Pape, Calvin et Luther.[1] La ville de Pforzheim, pendant le laps d'un siècle, changea ainsi *dix* fois de religion. Vit-on, depuis que les hommes ont une conscience, l'exemple d'un pareil abaissement des consciences? Eh bien! c'était l'effet immédiat, logique de la protestation de Spire. Au défaut de cette protestation, on avait l'exemple de Luther à Wittemberg, de Calvin à Genève, de Marbach à Strasbourg. L'axiome *Cujus regio illius religio* date de cette époque néfaste, et cet axiome est la négation la plus radicale de toute liberté.

Chose plus grave, cette maxime devint loi de l'empire par la *pacification d'Augsbourg*, en 1555. Cette pacification fut imposée à l'empereur par les princes protestants, que dirigeait Maurice de Saxe. En vertu de cet acte, le prince avait la faculté de changer de religion, tant qu'il voulait, et de bannir de ses états tous ceux qui refusaient de changer avec lui et comme lui. Les princes protestants, il faut leur rendre cette justice, n'avaient demandé ce pouvoir oppressif que pour eux, contre leurs sujets catholiques. Ils avaient voulu stipuler en même temps que les princes catholiques ne pourraient pas en user à l'égard de leurs sujets protestants. Ce ne fut qu'après de grands efforts que Ferdinand Ier parvint à faire décréter au moins l'égalité du privilége pour tous les princes et de l'oppression pour tous les peuples.

Le principe consacré comme loi de l'empire, les princes protestants

---

[1] Comme les pasteurs trop lents à faire leurs évolutions étaient destitués et bannis, ils finirent par signer tout ce qu'on leur demandait. De là la rime populaire :

Schreibt, lieber Herre, schreibt,
Auf dass Ihr bei der Pfarre bleibt.

(Signez, cher Monsieur, signez, pour garder votre charge de pasteur.)

qui l'avaient toujours pratiqué, s'empressèrent de l'appliquer avec
une grande rigueur. Il y eut à Strasbourg recrudescence de sévices
contre les catholiques; le Magistrat, prié de protéger ces derniers
dans l'exercice de leur culte, déclara pieusement que ce serait un
crime pour lui de permettre ou de favoriser l'idolâtrie. Toujours scrupuleux dans la pratique des vertus bibliques, il interdit absolument
le culte catholique, persécuta les calvinistes et déposa Jean Sturm,
coupable d'idées hétérodoxes. Que pouvaient faire les princes et les
autorités catholiques en face d'adversaires aussi consciencieux? Ac-
corder aux protestants obstinés la liberté de l'exil et armer en faveur
de l'Église ce bras séculier, le meilleur argument des princes et des
théologiens protestants? Ils le pouvaient : la loi de l'empire leur donnait ce droit; ils le devaient par mesure de légitime défense; ils le
firent, c'était la peine du talion.

Aussitôt que Mansfeld eut disparu avec ses bandes désorganisées,
une commission impériale vint s'installer à Haguenau pour informer
sur l'attitude du Magistrat et des fonctionnaires impériaux. Elle crut,
à tort sans doute, découvrir de la faiblesse, de la trahison même dans
le traité de capitulation conclu avec l'aventurier. N'appréciant pas tous
les périls de la situation, elle eût voulu que le Magistrat se fût ense-
veli sous les ruines de la ville, plutôt que de l'ouvrir à l'ennemi. Le
Magistrat fut déposé, ainsi que tous les employés impériaux, et des
hommes dévoués, tels que Bildstein et Westermeyer, furent même
jetés en prison. La confiscation de leurs biens fut prononcée. On les
relâcha huit jours après, en leur imposant une amende de 50,000 florins. Reconnaissant que la population luthérienne avait provoqué l'arrivée de Mansfeld et paralysé le courage des catholiques, la commission impériale enleva aux protestants la jouissance de l'église des
Franciscains. Le sénat, qui avait pourvu jusque-là aux dépenses du
culte, au traitement et au logement des ministres protestants, sup-
prima tout cela. Les catholiques obtinrent enfin la liberté complète
de leur culte; leurs processions solennelles, interrompues pendant
soixante ans, purent de nouveau déployer leurs pompes dans les rues
de la ville. Leur zèle, stimulé par l'archiduc Léopold, évêque de
Strasbourg, encouragé par le succès, alla croissant. Les luthériens,
considérablement réduits, voyant leurs espérances politiques anéanties,
cédèrent avec une merveilleuse facilité aux instances toutes frater-
nelles de leurs concitoyens, aux prédications des Jésuites, à l'exemple

des Capucins qui venaient de s'établir dans la ville (1613), et qui promenaient dans leur cloître et dans les rues la livrée de l'austérité chrétienne. Jésuites et Capucins s'étaient formés à la lutte contre l'hérésie sur les ruines des anciens ordres religieux, moins capables de satisfaire aux exigences d'une situation toute nouvelle. L'influence des Capucins sur la conversion des luthériens fut plus grande encore que celle des Jésuites. Il y avait chaque année une centaine de retours à l'Église.

Les prédicants luthériens ne pouvant plus exercer leurs fonctions en public, privés en outre de leur traitement, prirent le parti de se retirer, tandis que les plus fidèles de leurs adhérents allaient le dimanche assister au prêche à Schweighausen. C'était une petite troupe, mais elle se montrait fort bruyante et se livrait à tant de provocations tumultueuses,[1] que la population catholique porta plainte au sénat. Insulter par leur attitude et leurs propos à la foi de concitoyens sur la tête desquels ils avaient attiré de cruelles calamités, c'était fort imprudent. Toutefois le sénat hésitait : il n'osait ou ne voulait prendre de mesure décisive contre eux. Enfin, Bildstein étant devenu stettmeister,[2] alla un dimanche, de sa propre autorité, fermer les portes de la ville pour empêcher les luthériens de se rendre à Schweighausen. Ce n'était pas là, ce ne pouvait être une mesure définitive; Bildstein voulait prévenir une collision entre les ardents des deux cultes; mais ce premier pas dans la voie de la rigueur conduisit, en en faisant apprécier les avantages, à des mesures plus sérieuses.

La même année (1626) la peste, que les chroniqueurs appellent la *contagion anglaise*,[3] s'étant déclarée avec une grande violence, les membres des Ordres religieux firent preuve d'un admirable dévouement auprès des malades. Ils y perdirent plusieurs de leurs membres les plus actifs,[4] mais leur zèle fit une impression profonde et sur la population catholique qui s'attacha plus vivement encore à ces prêtres courageux, et sur la minorité luthérienne dont les rangs s'éclaircissaient de jour en jour.

---

[1] (1617.) Édit du sénat et de la Chambre impériale de Haguenau, relativement aux disputes dans les auberges entre protestants et catholiques. On les défend, puisqu'elles troublent la paix. (*Archives de la ville.*)

[2] Charge qu'un membre de la bourgeoisie exerçait alternativement, de six en six mois, avec un membre de la noblesse.

[3] *Das englische Schweissfieber*.

Les Jésuites en perdirent trois sur six.

Il restait cependant un petit noyau d'esprits ou convaincus ou obstinés, dont le zèle s'aigrissait à mesure que les défections se multipliaient. Ils tenaient des conciliabules chez les Scheid et les nobles de Fleckenstein. Cette dernière famille se signalait entre toutes par la protection qu'elle accordait au luthéranisme. Le prétexte de ces réunions était la prière commune, mais on y faisait autre chose encore. On suivait d'un œil attentif les péripéties de la guerre de Trente-Ans, et l'on sollicitait l'intervention ou officieuse ou menaçante des princes et des villes du voisinage, appartenant au protestantisme. On eut même l'idée un peu romanesque d'appeler une armée hollandaise en Alsace et à Haguenau pour y extirper le catholicisme. Une seule considération la fit rejeter : on se rappelait que les habitants des Provinces-Unies appartenaient au calvinisme, et l'on pouvait craindre qu'ils ne voulussent abolir le luthéranisme et imposer leur système religieux à leurs protégés. [1]

Le Magistrat de Strasbourg était à plusieurs reprises déjà intervenu en faveur du protestantisme et des protestants de Haguenau. Oubliant qu'il avait lui-même dépouillé les catholiques, chassé son Évêque et ses prêtres et imposé une amende de quatre livres pfenning à tout catholique qui se permettait de sortir de ses murs pour assister à la Messe à Weyersheim ou pour recevoir la sainte Eucharistie, le Magistrat de Strasbourg vint interpeller les administrateurs de la ville sur leur conduite envers les luthériens. La ville de Worms, le margrave de Baden-Durlach, l'électeur de Brandebourg, le comte palatin, sollicités par les protestants, vinrent tour à tour adresser des lettres au Magistrat de Haguenau pour le prier de venir à résipiscence. Ces interventions restèrent naturellement sans effet. Tous ces avocats officieux des protestants de Haguenau avaient persécuté et expulsé chez eux les catholiques avec une violence inouïe. Le Magistrat de Hague-

---

[1] Voy. aux Archives de Haguenau : *Copia eines vertrauten Schreibens eines fürnehmen oberlændischen Fürsten an einen brandenburgischen Rath......* Ce gentilhomme déclare qu'on aurait voulu attirer une armée hollandaise pour exterminer les catholiques, mais qu'on la redoutait comme calviniste.

Unvorgreifliches Votum Barth. Bildstein. — «Da man Ir, die gehorsamen Bürger von Unheil und aller Orten scheinendem Unglückh *præserviren* und mit dieser Ungehorsamen wollt entgelten lassen, dadurch die Stadt allbereit Ueberstandenes und noch grœszeres Unheil und Verderben gerathen mœchte. — ...Diejenigen (Unkatholeschen) so sich jüngst vor Rath und Zünften sehr unbescheiden lauten lassen dadurch ein ehrsamer Rath nicht wenig *despectirt* und wegen ihres Drutz und Unbescheidenheit kann man strafen.»

nau le savait et il ne manqua pas de le leur rappeler ; il avait conservé bon souvenir du passé ; il connaissait les espérances hautement exprimées de la minorité pour l'avenir, et il leur répondit : « Notre ville a été ruinée par Mansfeld , qu'avaient appelé les luthériens, et qui se déclara leur protecteur. Nous savons qu'ils désirent et espèrent une intervention semblable de la part des Suédois ou des princes luthériens ; à chaque victoire de ces derniers répondent dans nos murs des cris de joie et d'insolentes provocations. Nous ne pouvons nous exposer à la chance d'une seconde invasion provoquée et appuyée par la trahison de nos concitoyens. La raison d'État, le plus simple bon sens nous font un devoir de ne pas laisser se préparer une seconde occupation. La première épuisa notre ville, la seconde l'effacerait de la carte. » — Et Bildstein fournissait dans une pièce, qui existe aux archives, des chiffres détaillés à l'appui des assertions de ses collègues. Il part de ce fait incontestable, que Mansfeld fut appelé par les habitants protestants, et il marque en détail les dépenses ruineuses et les vexations qui en résultèrent pour la ville et les habitants. Il arrive à un total de 679,579 florins; sans compter, dit-il, le ravage des campagnes, des fermes, des forêts, les dommages particuliers et les violences subies par les catholiques.[1]

C'était trop éloquent pour ne pas fermer la bouche à des protecteurs qui persécutaient les catholiques chez eux, et leur intervention, qui était une menace, en aggravant les craintes du Magistrat, le poussa à l'action. Une lettre fut adressée à l'Empereur pour le supplier de ne pas prendre en considération les démarches faites auprès de lui par les princes luthériens. L'archiduc Léopold, landgrave d'Alsace, invita le magistrat à prendre une mesure définitive. En l'année 1627, un décret du sénat, publié dans les *tribus*, déclara que la différence de religion, à cause des dangers qui en résultaient, ne pouvait plus être tolérée; qu'en conséquence on accordait aux luthériens comme dernier terme le dimanche *Invocate* pour changer de religion ou sortir de la ville. L'année suivante un décret définitif déclara le

---

[1] « Als Ernst Mansfeld sich in die untere Pfalz begeben, haben die Unkatholeschen Bürger und Magistratsveramte verhofft und ihn gænzlich *persuadirt* und durch heimbliche Pratiken nach Hagenau verlockt.... Die Verrætherei ist so grosz gewesen, dass die Katholeschen ihres Lebens nicht sicher waren.... Alles ausgesaugt und ruinirt und dem geringsten Troszbuben zu Gnaden gehn müssen, wofern sie nicht das Feuer im Dach sehn wollen.... Abgebrannte Hæuser une Hæfe durch mansfeldische *pressuros* gelittene Schædigungen.»   (*Archives de la ville*.)

culte luthérien aboli à Haguenau. Un siècle avant, le Magistrat de Strasbourg, au nom de la liberté de conscience, avait de même aboli dans ses murs le culte catholique.

Le décret de suppression accordait quatre semaines de réflexion aux luthériens. Il y en avait encore six cents. Après tout le mouvement qu'ils s'étaient donné, on pouvait croire qu'ils préfèreraient l'exil à ce qu'ils appelaient une apostasie. Mais point : ils se déclarèrent prêts à recevoir l'instruction religieuse qui devait préparer leur retour, et soixante seulement sortirent de la ville pour aller s'établir à Schweighausen. N'y aurait-il pas là un indice du peu de sincérité religieuse de la population luthérienne ? Assurément, considérée en elle-même, cette mesure du sénat s'accorde mal avec nos idées actuelles et le droit public moderne. Mais au XVIIe siècle, elle était légale, provoquée par l'attitude menaçante des luthériens, justifiée par leurs propres principes; elle était l'application très-mitigée du *droit de Réforme* [1] *(jus reformandi)*, créé et sanctionné par les adhérents des nouvelles doctrines. La tolérance, telle que nous la comprenons, ne fut pratiquée par aucune confession religieuse ni au XVIe ni au XVIIe siècle : elle résulta forcément de la lassitude qu'un siècle de guerres et de disputes religieuses avait engendrée. Progrès ou défaillance, nous l'acceptons; mais nous demandons en même temps qu'elle soit appliquée en toute sincérité, non pas seulement par les catholiques, mais aussi par les

---

[1] Qu'était-ce que ce *droit de réforme*, droit qui date, comme le nom l'indique, du temps de la Réforme? Le légiste Philippe *Kniepschild*, dans son livre *De juribus et privilegiis civitatum imperialium*, livre annoté par le champion du luthéranisme, Jacques Sturm, et par le protestant Wencker, dit : «On place au premier rang des droits des cités impériales le droit sur les choses sacrées, le droit d'établir et de protéger la religion; car la religion détruite, toute justice, toute décence de mœurs, toute discipline tomberait. (Livre II, chap. III.) — La protection de l'Église consiste à conserver purs l'enseignement et le culte religieux et à les défendre contre les ennemis intérieurs... Ainsi, les villes impériales peuvent *à volonté* changer l'ancienne religion catholique et introduire la Confession d'Augsbourg (p. 222). — Le traité d'Osnabrück confère à toutes les villes impériales le droit de réforme (p. 229). — L'autorité civile peut changer, introduire, modifier la religion; le maître du territoire est maître du culte (p. 230).» — Les mandarins chinois ne désavoueraient pas ces doctrines imaginées par les sectateurs du *libre Évangile*. Et l'on vient nous dire que la Réforme inaugura l'ère de la liberté! Ajoutons que nos casuistes luthériens, qui permettent aux villes de changer *à volonté* l'ancienne religion catholique, se demandent si elles peuvent aussi changer la nouvelle religion d'Augsbourg, et ils répondent qu'il ne leur semble pas que le cas soit le même. A la bonne heure ! Oppression pour les catholiques, mais liberté pour les luthériens, et vive l'égalité !

protestants. Cette sincérité dans l'application d'un principe universellement admis, nous ne la rencontrons que dans un pays de l'Europe, la France, et ce pays n'est pas protestant.

A partir de cette époque, le protestantisme n'exista plus guère dans la ville de Haguenau. On voit bien dans la suite quelques familles luthériennes ou calvinistes y reparaître. L'occupation de la ville par des troupes suédoises et par les huguenots mêlés aux soldats français, y attira quelques adhérents de la Réforme. En 1641, un prêche calviniste fut établi pour les soldats de cette confession, et le rétablissement du culte luthérien fut imposé au Magistrat. C'étaient des temps de troubles et de guerre ; le Magistrat, pas plus que les bourgeois, n'était maître de la ville. La violence avait succédé au droit, l'épée du soldat faisait la loi. Impériaux, Suédois, Lorrains, Français, vinrent successivement rançonner les habitants, piller les campagnes, brûler les fermes, saccager la ville, se disputant les uns aux autres ce magnifique lambeau du vieil empire germanique qui s'appelle l'Alsace. Quoique à l'intérieur le gouvernement français ne fût point favorable au protestantisme, il avait cependant à sa solde beaucoup de huguenots, auxquels il accordait une certaine liberté d'action ; ils en profitèrent pour obtenir l'exercice public de leur culte à Haguenau. Cela dura peu cependant ; le calvinisme disparut avec les garnisons qui l'avaient introduit. Il ne demeura en ville qu'une douzaine de familles protestantes, qui n'avaient plus aucune existence légale, mais que l'on tolérait par égard pour leur petit nombre. Survint la conclusion du traité de Westphalie.

Ce traité régla la situation religieuse de l'Allemagne et rattacha définitivement l'Alsace à la grande famille française. Pour mettre de l'ordre dans le désordre que la Réforme et la guerre avaient fait, pour limiter les prétentions des catholiques qui réclamaient tous les droits, biens, édifices possédés par leurs pères dans la foi et consacrés au culte catholique, pour arrêter les empiétements des protestants qui voulaient tout envahir, on convint de prendre comme point de départ, comme état normal, la situation des choses telle qu'elle s'était trouvée le 1ᵉʳ janvier 1624. De là le titre d'*année normale* donnée à cette année.

Un protestant que nous avons déjà cité dit de cette disposition [1] : « On confirma par le traité de Munster les princes immédiats de l'em-

---

[1] *Studien über Katholizismus, Protestantismus und Gewissensfreiheit.*

pire dans le *Droit de Réforme*, en appliquant le principe : *Cujus regio illius religio*. Les luthériens et les catholiques seuls l'avaient obtenu par la pacification d'Augsbourg ; les réformés en furent investis à leur tour. L'admission de l'année normale devait cependant limiter ce droit, comme si le froid du 1er janvier 1624 avait fixé dans l'immobilité la situation si variable des choses humaines. » C'est sous ces auspices que l'Alsace, que Haguenau passa sous la domination française. Le paragraphe 75 du traité de Munster portait : «Que le roi soit obligé de conserver en tous lieux la religion catholique, qu'il éloigne toutes les nouveautés qui ont été introduites pendant les guerres.» Or, la ville de Haguenau était témoin d'une de ces «nouveautés introduites pendant les guerres;» elle voyait dans son enceinte une douzaine de luthériens sans existence légale, qui, se persuadant que toutes choses devaient être rétablies en l'état où elles étaient quand les protestants s'y trouvaient au nombre de trois mille, réclamèrent immédiatement la propriété de l'église des Franciscains.

Cette église, le chœur excepté, leur avait été livrée contrairement au droit, malgré les protestations du provincial des Franciscains, par un Gardien désireux de prendre femme. Le sénat avait ratifié cet acte. Les luthériens étaient entrés et avaient pendant soixante ans fait leur prêche dans la nef, malgré les Franciscains qui continuèrent vainement de protester contre l'illégalité brutale de ce fait. En l'année normale, mais au mois d'octobre seulement, l'église fut restituée à ses légitimes propriétaires. Les réclamations des luthériens manquaient donc de fondement et pouvaient être regardées comme non avenues, même quand elles eussent été faites par une communauté protestante ayant une existence régulière. Une poignée d'habitants, qui s'étaient glissés par hasard dans la ville, que l'on avait le droit d'exclure la veille et que le roi très-chrétien pouvait chasser le lendemain, en usant du *Droit de Réforme* inauguré par les princes luthériens, ces habitants, disons-nous, se posant comme les héritiers des droits d'une majorité protestante disparue depuis trente ans, c'était une de ces prétentions outrecuidantes que l'application du principe de l'année normale a dû soulever en grand nombre, mais dont les plénipotentiaires des puissances contractantes devaient aussi faire justice. Une interminable série de démarches furent faites auprès du gouverneur français, du gouvernement impérial et des diètes de Ratisbonne, de Nuremberg, de Francfort, à l'effet d'obtenir la restitution de l'église des Franciscains. La ville de Strasbourg, toujours empressée, le duc de Wurtemberg

et le comte de Hanau appuyèrent ces réclamations. On revendiquait
l'église des Franciscains, la plus belle et la plus vaste de la ville, les
salaires et les gages de trois prédicants et d'instituteurs luthériens, le
droit d'entrer au sénat. Grâce à l'appui des députés luthériens, cette
demande, tout exorbitante qu'elle parut, fut prise en considération,
et une commission mixte fut nommée pour en connaître. Elle se réu-
nit à Haguenau au mois de septembre de l'année 1650. Le sénat,
pour en finir, proposa un arrangement; mais il fut repoussé, et le
procès fut encore une fois porté à Nuremberg. De longs pourparlers
s'engagèrent : les luthériens refusèrent toute transaction. Le sénat,
pressé par les supplications incessantes de la bourgeoisie, ne voulut
à aucun prix consentir à leur admission légale, et le provincial des
Franciscains protesta itérativement contre la cession éventuelle de son
église aux luthériens. L'affaire traîna en longueur : elle fut portée
une cinquième fois devant une commission impériale siégeant à Francfort, qui essaya, mais en vain, de concilier les réclamations luthériennes avec l'opposition des habitants et les données du plus simple
bon sens. Quelques membres du sénat ayant paru disposés à céder,
la bourgeoisie tout entière se leva contre eux, leur rappelant Mansfeld et les calamités qu'il avait fait peser sur la ville. Ce fantôme de
Mansfeld planait comme un avertissement du ciel sur les tristes ruines
de l'antique ville impériale. Quand Schmidlin y entra, elle comptait
douze cents bourgeois riches, fiers, puissants; quand elle passa à la
France, elle ne renfermait plus que deux cent quatre-vingts familles[1]
traînant une misérable existence au milieu des décombres calcinés de
leurs habitations. En 1647, elle était tombée dans une telle détresse
qu'elle dut envoyer son secrétaire public à Strasbourg pour engager
l'argenterie des églises; avec ce qu'elle en tira, elle put payer aux
Suédois son contingent de guerre, qui était de 2000 florins comptant
et de 12,000 florins en assignations.

C'est à cette époque, c'est-à-dire vers l'année 1650, que vient
se placer un fait peu édifiant, qui exerça la verve des protestants
contemporains et qui est conservée comme un joyau historique par
quelques zélateurs modernes. Voici l'histoire telle que la rapportent et
l'arrangent en vers et en prose les légendaires protestants : deux Carmes
déchaussés auraient été surpris pendant la nuit, salissant le Christ des

---

[1] Après l'incendie et le pillage de la ville par les soldats du maréchal de Créqui,
vingt-quatre maisons seulement restèrent debout.

Dominicains et la porte des Jésuites, pour faire accroire aux commissaires de la Diète que les luthériens s'étaient rendus coupables de cette indignité et pour les rendre ainsi odieux. Les Jésuites eux-mêmes et les membres des congrégations auraient trempé dans ce complot; ce qui le prouvait, c'est que la veille ou l'avant-veille, ils avaient voulu emprunter à un ministre sa toge, alléguant que c'était pour s'en servir dans une représentation théâtrale de leurs écoliers, mais en réalité pour en revêtir les hommes chargés de l'exploit nocturne. — Si l'on voulait appliquer à cette histoire les règles de critique que les auteurs protestants appliquent à l'Écriture sainte, il n'en resterait pas grand'chose : elle serait évidemment un mythe, un mythe ingénieux et légèrement naïf, créé par l'imagination populaire pour exciter la haine contre les moines. Luther avait sali moralement le dogme catholique, le Pape, le culte des saints et celui des images; sermons, caricatures, libelles, propos de table, tout était devenu pour lui un instrument pour exécuter cette basse œuvre. Il l'avait fait, non avec conviction, mais pour déverser le ridicule sur le catholicisme et les catholiques, pour exciter contre eux l'animadversion des princes et la haine du peuple. Il avait réussi, et voici que le dépit de ses sectateurs imagine deux moines accomplissant la même œuvre matériellement, dans le but perfide d'en rejeter l'odieux sur les protestants. La poésie s'en mêla et ajouta ses ingénieuses fictions à la légende populaire.

Il n'y eut jamais à Haguenau ni Carmes, ni Carmes déchaussés; le mauvais tour qu'ils auraient joué était bien grossier, et les Jésuites, auteurs présumés du complot, allant solennellement demander une toge à un prédicant pour la faire figurer dans l'expédition nocturne, c'est une simplicité qui ne s'accorde guère avec la réputation que l'on a faite aux *astucieux enfants de Loyola.* Pourquoi ne pas admettre que les Jésuites avaient besoin d'une toge et qu'ils voulaient s'en servir dans la représentation, représentation qui eut lieu, sans la fameuse toge toutefois, parce qu'elle n'avait pas été livrée? Trop de finesse nuit dans les contes, et c'est une mauvaise manière de prouver que les gens sont rusés que d'insinuer qu'ils sont sots, et tristement sots. L'invraisemblance et les faussetés palpables de la légende luthérienne nous dispenseraient d'en tenir compte; mais nous avons promis de dire la vérité tout entière, et nous rendrons aux historiens protestants le service de confirmer, en le rectifiant, un fait dont la responsabilité doit retomber sur les auteurs comme une flétrissure, mais sur les auteurs seulement. La vérité donc est que deux Franciscains, secondés par un laïque, à leurs risques et périls, commirent l'action sacrilége racontée plus haut et que leur provincial les chassa immédiatement du couvent et du pays. Ils avaient été saisis sur le fait par un honnête bourgeois catholique demeurant près du couvent des Dominicains. Les catholiques et les Jésuites, que l'on fait intervenir si sottement, furent informés à la fois et du crime et du châtiment des coupables. Voilà la vérité. Nous la compléterons en ajoutant que les membres de cette communauté de Franciscains montrèrent, dès l'origine de la Réforme, peu de vertu et de vigueur, et que leur influence fut nulle pendant toute la période qui s'écoula depuis l'introduction du luthéranisme à Haguenau jusqu'à sa disparition. Plusieurs d'entre eux avaient fait des vœux pour son triomphe, et quelques-uns, plus hardis ou plus effrontés, l'embrassèrent, le Gardien Bernsheimer à leur tête.

Quant aux Jésuites, nous ne le dissimulerons pas plus que le reste, ils réagirent autant qu'ils purent contre les prétentions et les empiétements des luthériens. La bourgeoisie entière, avec une activité de foi que le XVIᵉ siècle connaissait mieux que nous, les appuyait et les aurait poussés au besoin. Dans cette lutte de cent ans, la force de leur parole et l'ascendant de leur vertu furent, avec la vérité, leurs armes les plus puissantes. Le gouvernement impérial, dont le protestantisme était alors, comme de nos jours, l'ennemi politique irréconciliable, seconda de son influence l'action des Jésuites et de la bourgeoisie. Mais cette influence ne fut jamais prépondérante, rarement efficace. En combattant le luthéranisme, les Jésuites représentaient les sentiments de la population catholique, la volonté nationale, comme on dirait de nos jours; ils sauvegardaient ses intérêts spirituels et temporels à la fois, ils accomplissaient la mission que l'Église leur avait confiée. Aussi la reconnaissance et l'estime de la population leur restèrent-elles acquises. En 1752, cent ans après la longue et heureuse lutte qu'ils avaient soutenue, lorsqu'on put en apprécier toutes les conséquences et en juger les acteurs dans l'apaisement des passions, le Magistrat émit la déclaration suivante, qui se lit encore dans la collection de ses actes : «On ne peut que louer la piété du Magistrat, le zèle, la prudence et la sagesse avec laquelle il se conduisit en procurant à la ville les secours qu'il reçoit des Pères Jésuites. On n'aurait pu faire un établissement plus saint, plus salutaire ni plus avantageux. »[1]

____

[1] Archives de Haguenau.

Le luthéranisme s'éteignit complétement. Le registre des délibérations de l'OEuvre de Saint-George porte, sous la date du 6 septembre 1755 : «Le Gardien des Capucins s'est présenté au conseil de fabrique avec un inconnu, qui offre à l'OEuvre 124 livres, produit des matériaux du prêche luthérien qui vient d'être démoli. Cet inconnu donne 40 livres pour fonder deux messes en reconnaissance de la grâce divine qui a détourné de la ville le fléau et la contagion du schisme et pour demander la continuation de la protection de la sainte Vierge.»[1] L'année précédente, la fabrique avait accordé un secours de 6 livres une fois donné au ministre luthérien Christophe Michel, qui avait renoncé à ses fonctions pour entrer dans le sein de l'Église catholique.

Depuis, de graves événements sont survenus et ont modifié les idées et les institutions. Le luthéranisme a disparu ou à peu près, le calvinisme n'existe plus que de nom, et leurs doctrines, passées à l'alambic de la raison pure, se sont réduites à ces deux vérités, l'unité de Dieu et l'immortalité de l'âme. La Trinité, l'Incarnation, la Rédemption, l'Eucharistie, le christianisme enfin, ne paraissent plus que dans les confessions de foi, et si l'on en parle encore, c'est que l'on se réserve de n'en rien croire. Schmidlin, avec sa *Formule de Concorde*, est mis au rebut par ceux qui se disent ses continuateurs et ses héritiers, et la plus sanglante des parodies ce serait la croyance des protestants protégés par l'*Association de Gustave-Adolphe*, mise en regard des doctrines que professèrent Gustave-Adolphe, Schmidlin et Luther. Cela s'appelle le protestantisme et n'est autre chose qu'une philosophie déiste ou panthéiste sous un masque chrétien.

Un temple vient d'être élevé dans l'enceinte de la ville au culte de cette philosophie, et un pasteur *dit* de la Confession d'Augsbourg en est le docteur. C'est l'Allemagne encore une fois qui, par ses encouragements et ses secours, a pu jeter dans la ville cette pomme... du jardin des Hespérides. Quelle sera son histoire? Puisse-t-elle être moins désastreuse que celle que nous venons d'esquisser, et puisse la Protectrice de la ville renouveler le miracle de grâce, dont nous avons eu le bonheur de décrire les commencements et le succès! *Urbem, Virgo, tuam serva.*

[1] Archives de Haguenau.